11/9
Autopsie des terrorismes

Du même auteur

L'An 501. La conquête continue,
Ecosociété, Montréal, 1995 ; EPO, Bruxelles, 1995
Les Dessous de la politique de l'Oncle Sam,
Le Temps des cerises, Paris, 1996 ; EPO, Bruxelles, 1996 ;
Ecosociété, Montréal, 1996
Responsabilités des intellectuels, Agone, Marseille, 1998
Le Nouvel Humanisme militaire, Page deux, Lausanne, 2000
Élections 2000, Sulliver, Paris, 2001
La Conférence d'Albuquerque, Allia, Paris, 2001
De la guerre comme politique étrangère des États-Unis,
Agone, Marseille, 2001
*Deux heures de lucidité. Entretiens avec Denis Robert et
Weronika Zarachowicz,* Les Arènes, 2001

Principaux ouvrages politiques de Noam Chomsky
disponibles en anglais :

The Chomsky Reader, Pantheon Books, New York, 1987
*Manufacturing Consent : The Political Economy
of the Mass Media,* avec Edward S. Herman,
Pantheon Books, New York, 1988
*Necessary Illusions : Thought Control
in Democratic Societies,* South End Press, Boston, 1989
Deterring Democracy, Verso, New York, 1991
World Orders, Old and New,
Columbia University Press, New York, 1994
Secrets, Lies and Democracy, Odonian, Berkeley, 1994
*Powers and Prospects : Reflections on Human Nature
and the Social Order,* South End Press, Boston, 1998
Order, South End Press, Boston, 1998

Noam Chomsky

11/9
Autopsie des terrorismes

Entretiens
Traduit de l'anglais par
Hélène Morita et Isabelle Genet

LE SERPENT A PLUMES

Première publication : Seven Stories, 2001, sous le titre *9-11*
© 2001 Noam Chomsky
© 2001 Le Serpent à Plumes pour la traduction française

Photo de couverture : Greg Ruggiero

N° ISBN : 2-84261-323-6

LE SERPENT A PLUMES

20, rue des Petits-Champs - 75002 Paris
http://www.serpentaplumes.com

Je tiens à remercier David Peterson et Shifra Stern pour l'aide inestimable qu'ils m'ont apportée, en particulier dans le dépouillement de l'information.

NOAM CHOMSKY

Note de l'éditeur

Nul mieux que Noam Chomsky n'a pensé tout ensemble la décolonisation et ses innombrables séquelles (frontières mal définies, peuples séparés, misère endémique), la chute du mur de Berlin et la fin de la guerre froide, les « guerres » économiques menées par les États-Unis, le pouvoir des grandes multinationales, celui des médias, celui des intellectuels. Nul mieux que cet éminent linguiste et intellectuel de renommée internationale, couvert de prix prestigieux, capable, à coup de paradoxes, d'ébranler les préjugés les mieux ancrés, ne pouvait expliquer les engrenages de violence qui conduisirent aux terribles attaques du 11 septembre 2001 à New York et Washington.

Il y a plus de vingt ans, Noam Chomsky a été grossièrement manipulé par des faussaires de la vérité historique. À plusieurs reprises, il s'est exprimé très clairement sur ces questions*. Il va sans dire que Le Serpent à Plumes, qui est clairement engagé dans le

---

* Denis Robert y revient avec sérieux dans sa préface à Noam Chomsky, *Deux heures de lucidité, entretiens avec Denis Robert et Weronika Zarachowicz* (Éditions Les Arènes, 2001).

dialogue des cultures, n'aurait pas même songé à publier un auteur cultivant la moindre ambiguïté à ce sujet.

La parole lucide, précise, courageuse de Noam Chomsky doit circuler librement. L'exclusion de l'un des intellectuels vivants parmi les plus importants au monde n'est plus de mise, en particulier au moment où le théâtre des violences et des destructions s'étend de New York à Kaboul. La voix de Noam Chomsky est une autre voix de l'Amérique, indispensable aujourd'hui.

I

Les fusils sont braqués dans l'autre sens

D'après un entretien réalisé le 19 septembre 2001
avec *Il Manifesto* (Italie).

Q. La chute du mur de Berlin n'a pas fait de victimes, mais cet événement a changé en profondeur la scène géopolitique. Pensez-vous que les attaques du 11 septembre pourraient avoir des effets du même genre ?

CHOMSKY : La chute du mur de Berlin a constitué un événement de première importance qui a vraiment modifié la scène géopolitique, mais, selon moi, pas dans le sens généralement admis. Je me suis déjà expliqué ailleurs à ce sujet et il n'est pas nécessaire de recommencer ici.

Les horribles attaques commises le 11 septembre sont quelque chose de complètement nouveau dans l'histoire du monde, non pas en raison de leur échelle ou de leur caractère, mais en raison des cibles choisies. Pour les États-Unis, c'est la première fois depuis la guerre de 1812 que leur territoire national a subi une attaque, ou même qu'il a été menacé. De nombreux commentateurs ont évoqué une analogie avec Pearl Harbor, qui me paraît trompeuse. Le 7 décembre 1941, des bases militaires furent attaquées, mais elle étaient installées sur deux colonies américaines – lesquelles n'étaient pas situées sur le territoire national. Le territoire national n'a jamais été menacé. Les Américains préfèrent nommer Hawaï un « territoire », mais il s'agissait en réalité d'une colonie. Dans le passé, durant plusieurs centaines d'années, l'Amérique a réduit à néant des populations indigènes (des millions de gens), elle a conquis la moitié du Mexique (en fait, des terres qui appartenaient à l'origine à des peuples autochtones, mais ceci est une autre histoire), puis elle est intervenue par la violence dans toutes les régions environnantes, elle a fait la conquête d'Hawaï et des Philippines (tuant des centaines de milliers de Philippins) et, en particulier durant tout le siècle dernier, a généralisé le recours à la force dans la plupart des régions du monde. Le nombre de ses victimes est colossal. Pour la première fois, les fusils ont été braqués dans l'autre sens. Il s'agit là d'un changement spectaculaire.

La même chose est vraie aussi, et même d'une façon encore plus spectaculaire, pour l'Europe. L'Europe a connu des destructions épouvantables, mais qui étaient le fait de guerres intérieures. Dans le même temps, les puissances européennes menaient la conquête d'une grande partie du monde, avec une brutalité extrême. À de très rares exceptions près, ces puissances n'ont pas été en retour attaquées par leurs victimes. L'Angleterre n'a pas été attaquée par l'Inde, ni la Belgique par le Congo, ni l'Italie par l'Éthiopie, ni non plus la France par l'Algérie (laquelle n'était pas considérée par la France comme une « colonie »). Il n'est par conséquent pas surprenant que l'Europe ait été profondément choquée par les crimes terroristes du 11 septembre. De nouveau, je le dis, ces crimes étaient inédits, mais pas en raison de leur échelle.

Ce qu'ils laissent présager, nul encore n'est en mesure de le dire. Mais ce qui est tout à fait clair, c'est qu'ils constituent quelque chose de radicalement nouveau.

Mon impression est que ces attaques ne vont pas nous offrir une nouvelle scène politique, mais qu'elles vont plutôt confirmer l'existence d'un problème à l'intérieur de « l'Empire ». Un problème qui touche à l'autorité politique et au pouvoir. Qu'en pensez-vous ?

Les auteurs présumés de ces attaques constituent en eux-mêmes une catégorie distincte, mais ils reçoivent sans conteste un soutien qui puise dans un réservoir d'amertume et de colère à l'égard de la politique américaine dans ces régions, et cette rancœur s'applique aussi aux Européens, les anciens maîtres. Là réside sûrement une question qui touche « à l'autorité politique et au pouvoir ». Tout de suite après les attaques, le *Wall Street Journal* réunissait différentes opinions de « riches musulmans » de la région : des banquiers, des hommes d'affaires et autres, entretenant des liens avec les États-Unis. Tous exprimaient consternation et colère à l'égard du soutien que les États-Unis apportent à des régimes fortement autoritaires, et des barrières qu'a installées Washington et qui vont à l'encontre d'un développement indépendant et d'une démocratisation ; autrement dit, ils s'insurgeaient contre la politique américaine « d'appui à des régimes répressifs ». Leur préoccupation principale, cependant, était tout autre : elle concernait la politique de Washington vis-à-vis de l'Irak et l'occupation militaire israélienne. Parmi les masses immenses de gens pauvres et souffrants, les sentiments du même genre sont encore plus exacerbés et le peuple éprouve davantage que du ressentiment à voir la richesse de la région être canalisée vers l'Ouest, vers les petites élites occidentalisées et vers les dirigeants corrompus et brutaux soutenus par la puissance occidentale. Là aussi, nous touchons sans aucun doute à des problèmes d'autorité et de pouvoir. La réaction immédiate des États-Unis a été d'annoncer qu'ils allaient s'occuper de ces problèmes... en les intensifiant. Ce qui, bien entendu, n'était pas inévitable. Pour traiter correctement ces problèmes, il faudrait prendre en compte les conclusions de toutes ces réflexions.

Est-ce que les États-Unis se trouvent en difficulté pour assurer la « gouvernance » du processus de mondialisation ? Et je ne veux pas parler seulement en termes de sécurité nationale ou de système de renseignements.

Les États-Unis ne gouvernent pas les projets de mondialisation, même si, bien entendu, ils jouent à cet égard un rôle prédominant. Tous ces programmes ont suscité une énorme opposition, principalement au Sud, où les protestations massives peuvent souvent être passées sous silence ou ignorées. Ces dernières années, les protestations ont également atteint les pays riches, et par conséquent elles ont focalisé sur elles l'inquiétude des pouvoirs, qui se sont alors retrouvés sur la défensive, et non sans motifs. Il existe en effet des raisons tout à fait solides pour une opposition planétaire à cette forme particulière de mondialisation qui nous est imposée, à savoir celle des droits des investisseurs, mais ce n'est pas ici le lieu d'aller plus avant.

« Bombardements intelligents » en Irak, « intervention humanitaire » au Kosovo. Les États-Unis n'utilisent jamais le mot « guerre » pour décrire ces actes. À présent, ils parlent d'une guerre contre un ennemi sans nom. Pourquoi ?

Au début, les États-Unis ont utilisé le mot de « croisade » mais on leur a rapidement fait remarquer que s'ils espéraient mobiliser des alliés dans le monde islamique, ce serait une erreur fatale, pour des raisons évidentes. La terminologie a changé et on a employé le mot « guerre ». La guerre du Golfe de 1991 était appelée « guerre ». Les bombardements sur la Serbie ont été désignés par les termes d'« intervention humanitaire », un usage inédit, sans aucun doute. Car il s'agissait là, après tout, d'aventures ordinaires telles que l'impérialisme européen en a connu au cours du XIXe siècle. En ce qui concerne les « interventions humanitaires », les travaux universitaires les plus importants nous fournissent trois exemples récents, dans l'immédiat avant-guerre : l'invasion de la Mandchourie par le Japon, l'invasion de l'Éthiopie par Mussolini et la mainmise d'Hitler sur les Sudètes. Les auteurs de ces travaux, naturellement, ne prétendent pas que ces termes aient été appropriés. Bien au contraire, on a voulu masquer tous ces crimes sous prétexte d'« humanitarisme ».

Quant à savoir si l'intervention au Kosovo était vraiment « humanitaire » – ce qui serait le premier cas de cette espèce dans l'histoire –, il s'agirait de considérer la réalité : les déclarations passionnées ne sont pas suffisantes, au moins parce que, de fait, chaque usage de la force cherche à se justifier par ces termes. Il est tout à fait extraordinaire de constater à quel point sont faibles les arguments justifiant l'intention humanitaire dans le cas du Kosovo ; pour être plus précis, ces arguments n'ont pratiquement pas de poids alors que les raisons gouvernementales sont totalement différentes. Mais il s'agit là d'une question spécifique, sur laquelle je me suis exprimé de manière détaillée ailleurs.

Mais, pour le cas présent, même le prétexte de l'intervention humanitaire ne peut être utilisé dans son sens ordinaire. Nous sommes donc conduits à parler de guerre.

Les termes les plus appropriés devraient être ceux de « crimes » et peut-être de « crimes contre l'humanité », comme l'a souligné Robert Fisk. Mais il existe des lois qui punissent les crimes : pour les appliquer, il faut identifier les auteurs, les déclarer responsables ; telle est la voie qui est largement préconisée par le Vatican, entre autres, pour le Moyen-Orient. Mais une telle démarche réclame des preuves tangibles et ouvre la porte à des questions dangereuses. La plus évidente d'entre elles : qui étaient les auteurs des crimes de terrorisme international condamnés par la Cour internationale de justice il y a quinze ans ?*

C'est pour de telles raisons qu'il vaut mieux utiliser un terme vague, comme celui de guerre. Mais la nommer une « guerre contre le terrorisme » n'est rien de plus que de la propagande, à moins que cette « guerre » ne prenne réellement pour cible le terrorisme. Ce qui n'est tout simplement pas envisageable parce que les puissances occidentales ne pourraient jamais respecter leurs propres définitions officielles de ce terme – telles qu'elles

---

* Chomsky fait ici référence au cas du Nicaragua. (N. d. T.)

apparaissent dans le Code* américain ou dans les manuels militaires. Ce serait du même coup révéler que les États-Unis sont à la tête des États terroristes, tout comme le sont leurs clients.

Il serait peut-être intéressant ici de citer Michael Stohl, chercheur en sciences politiques :

« Nous devons reconnaître que par convention – il faut insister : par convention seulement – l'utilisation ou la menace d'utilisation de la force par les grandes puissances sont habituellement décrites comme de la diplomatie coercitive et non comme une forme de terrorisme. » Alors qu'elles impliquent, en général, « la menace et souvent l'utilisation de la violence pour des buts qui devraient être décrits comme terroristes s'il ne s'agissait pas de grandes puissances qui utilisent exactement les mêmes tactiques » conformément au sens littéral des mots. En des circonstances (inimaginables,

---

* « Est considéré comme un acte de terrorisme toute activité dans laquelle (A) est commis un acte violent ou un acte dangereux pour la vie humaine, en violation du droit pénal des États-Unis ou de n'importe quel État, ou qui pourrait constituer une violation criminelle si cet acte était commis à l'intérieur de la juridiction des États-Unis ou de n'importe quel État ; (B) il apparaît qu'il y a intention (1) d'intimider ou de contraindre des populations civiles, (2) d'influencer la politique d'un gouvernement par intimidation ou coercition, ou (3) d'affecter la conduite d'un gouvernement au moyen d'assassinat ou d'enlèvement. » [*United States Code Congressional and Administrative News, 98th Congress, Second Session, 1984, Oct. 19, volume 2 ; par. 3077, 98 STAT.2707 (West Publishing Co., 1984).*]

reconnaissons-le) où la culture occidentale serait désireuse d'adopter cette définition littérale, la guerre contre le terrorisme prendrait alors une forme totalement différente, et se déroulerait selon des schémas détaillés dans une littérature qui ne fait pas partie des ouvrages respectables.

La citation dont je parle est extraite de l'enquête intitulée *Western State Terrorism,* éditée par Alexandre George et publiée par une grande maison d'édition il y a dix ans – source qu'il vaut mieux ne pas mentionner aux États-Unis. L'argumentation de Stohl est étayée avec précision tout au long de ce livre. Et beaucoup d'autres ouvrages, extrêmement documentés, font appel à des sources tout à fait dignes de foi – par exemple, à des documents officiels gouvernementaux –, mais que l'on préfère ne pas mentionner non plus aux États-Unis, alors que le tabou n'est pas aussi sévère dans d'autres pays anglophones, ou ailleurs.

L'OTAN ne bougera pas tant qu'il ne sera pas établi que l'attaque était d'origine interne ou externe. Comment interprétez-vous cette attitude ?

Je ne pense pas que ce soit là la raison de l'hésitation de l'OTAN. Il n'y a pas de doute vraiment sérieux sur le fait que l'attaque était d'origine externe. Je suppose que les raisons pour lesquelles l'OTAN hésite sont celles que les leaders européens ont exprimées tout à fait publiquement

Ils reconnaissent, comme le font tous ceux qui possèdent une connaissance intime de la région, qu'un assaut massif sur des populations musulmanes serait justement la réponse qu'appellent de leurs prières Ben Laden et ses associés ; cette réaction ferait tomber les États-Unis et leurs alliés droit dans un « piège diabolique », selon les mots du ministre français des Affaires étrangères.

Pourriez-vous dire quelque chose sur la connivence et le rôle des services secrets américains ?

Je ne comprends pas très bien cette question. Il n'y a aucun doute que l'attaque a été un choc et une surprise énormes pour les services de renseignements de l'Ouest, y compris pour ceux des États-Unis. Si la CIA a joué un rôle, et même un rôle majeur, cela se passait dans les années 1980, lorsque ses services s'étaient joints à ceux du Pakistan et à ceux d'autres pays (l'Arabie Saoudite, la Grande-Bretagne, etc.) pour recruter, entraîner et armer les islamistes les plus extrêmes et les plus fondamentalistes qu'ils avaient pu trouver afin de mener une « guerre sainte » contre les envahisseurs russes en Afghanistan.

La meilleure source sur ce sujet est le livre *Unholy Wars*, écrit par John Cooley, auteur et correspondant de presse qui a longtemps résidé au Moyen-Orient. Comme on pouvait s'y attendre, des efforts sont à présent entrepris pour nettoyer la mémoire et prétendre que les États-Unis étaient alors des observateurs innocents ; de façon un peu plus surprenante, même des revues respectables (pour ne pas parler des autres) citent avec gravité des responsables de la CIA comme « démonstration » à des conclusions requises d'avance – en parfaite violation des règles journalistiques les plus élémentaires.

Quand cette guerre-là fut terminée, les « Afghans » (dont beaucoup, comme Ben Laden, ne sont pas Afghans) ont fixé leur attention ailleurs : par exemple sur la Tchétchénie et la Bosnie, où ils ont pour le moins reçu de la part des États-Unis un soutien tacite. Ils ont été bien accueillis, ce qui n'est pas surprenant, par les gouvernements de ces régions. En Bosnie, de nombreux volontaires islamiques ont accédé à la citoyenneté, en reconnaissance de leurs actions militaires (Carlotta Gall, *New York Times*, 2 octobre 2001).

Et dans les provinces occidentales de la Chine, où ils combattent pour la libération de la domination chinoise, on trouve des Chinois musulmans, certains, semble-t-il, ayant été envoyés par la Chine en Afghanistan dès 1978 pour se joindre à une guérilla contre le gouvernement en place ; plus tard, ils ont rejoint les forces organisées par la CIA après l'invasion russe de 1979 qui appuyait le gouvernement mis en place et soutenu par la Russie – d'une façon très analogue, les États-Unis avaient mis en place un gouvernement au Sud-Viêt-nam et avaient ensuite attaqué et envahi le pays pour le

« défendre ». Et on retrouve les islamistes dans le sud des Philippines, en Afrique du Nord, et encore ailleurs, combattant pour les mêmes causes, selon leur point de vue. Ils s'en sont pris également à leurs principaux ennemis, l'Arabie Saoudite et l'Égypte, et à d'autres États arabes, puis dans les années 1990, également aux États-Unis (Ben Laden considère que les États-Unis ont envahi l'Arabie Saoudite de la même façon que la Russie avait envahi l'Afghanistan).

Quelles conséquences prévoyez-vous par rapport au mouvement de Seattle ? Pensez-vous qu'il va en souffrir ou qu'il peut y gagner en élan ?

On doit certainement envisager un certain recul des protestations planétaires contre la mondialisation, qui, je le redis, n'ont pas commencé à Seattle. De pareilles atrocités terroristes sont une bénédiction pour les éléments les plus durs et les plus répressifs de tous bords, et l'on peut être sûr qu'elles seront exploitées – elles le sont déjà en fait – pour accélérer le calendrier de la militarisation, de l'embrigadement, pour inverser le cours des avancées sociales et démocratiques, pour un transfert d'argent à des secteurs plus étroits, et pour saper la démocratie de manière significative. Mais tout cela ne se produira pas sans résistance, et je doute que cela aboutisse à des succès, sinon à court terme.

Quelles sont les conséquences pour le Moyen-Orient ? En particulier pour le conflit israélo-palestinien ?

Les abominables attentats du 11 septembre ont porté un coup terrible aux Palestiniens, comme eux-mêmes l'ont reconnu tout de suite. Israël s'est ouvertement réjoui des « perspectives qui s'ouvraient » pour écraser les Palestiniens en toute impunité. Dans les quelques jours qui ont suivi l'attaque du 11 septembre, les tanks israéliens sont entrés dans des villes palestiniennes (Jénine, Ramallah, Jéricho, pour la première fois), plusieurs dizaines de Palestiniens ont été tués, la main de fer d'Israël s'est refermée plus durement encore sur les populations, exactement comme on pouvait s'y attendre. De nouveau, on assiste à la dynamique habituelle dans l'escalade de la violence, familière aux quatre coins du monde : en Irlande du Nord, en Israël et en Palestine, dans les Balkans ou ailleurs encore.

Comment jugez-vous les réactions des Américains ? Ils ont vraiment donné l'impression de garder la tête froide, mais comme le disait récemment Saskia Sassen dans un entretien : « Nous nous sentons déjà comme si nous étions en guerre. »

Les réactions immédiates ont été le choc, l'horreur, la colère, la peur, un désir de vengeance. Mais l'opinion publique est partagée, et des contre-courants n'ont pas été longs à se développer. Aujourd'hui, ils sont même présents dans la plupart des commentaires. Comme dans ceux des journaux d'aujourd'hui, par exemple.

Dans un entretien que vous avez accordé au quotidien mexicain La Jornada, *vous disiez que nous sommes confrontés à un nouveau type de guerre. Que vouliez-vous dire exactement ?*

Il s'agit d'un nouveau type de guerre pour les raisons que j'ai exposées en réponse à votre première question : les fusils sont maintenant pointés dans l'autre sens, et c'est là quelque chose de complètement neuf dans l'histoire de l'Europe et de ses rejetons.

Est-ce que les Arabes, par définition nécessairement fondamentalistes, sont les nouveaux ennemis de l'Occident ?

Certainement pas. Avant tout, nul individu, pour peu qu'il soit doté d'un minimum de rationalité, ne définira les Arabes comme fondamentalistes. Ensuite, les États-Unis et l'Occident en général n'ont pas d'objection vis-à-vis du fondamentalisme religieux en tant que tel. Les États-Unis, en fait, constituent l'une des cultures les plus religieuses, les plus extrêmes et fondamentalistes au monde ; non pas en tant qu'État, mais comme culture populaire. Dans le monde islamique, l'État le plus fondamentaliste, en dehors de celui des talibans, est l'Arabie Saoudite, État client des États-Unis depuis ses origines ; les talibans sont en fait les enfants de la version saoudienne de l'islam.

Les islamistes radicaux, ou extrémistes, souvent appelés « fondamentalistes », ont été choyés par les États-Unis dans les années 1980, parce qu'ils étaient les meilleurs tueurs au monde. Dans ces années-là, l'ennemi principal des États-Unis était l'Église catholique, qui avait commis, en Amérique latine, le grave péché de prendre « le parti des pauvres » et qui a cruellement souffert de ce crime. L'Occident est parfaitement œcuménique dans le choix de ses ennemis. Ses critères sont la soumission et les services rendus au pouvoir, et non la religion. Il y aurait bien d'autres illustrations de ce point.

II

Peut-on gagner la guerre contre le terrorisme ?

D'après deux entretiens, l'un avec le *Hartford Courant,* le 20 septembre 2001, l'autre avec David Barsamian, le 21 septembre 2001.

Q : Peut-on gagner la guerre contre le terrorisme ? Si oui, comment ? Si non, que devrait faire l'administration Bush pour empêcher que des attentats semblables à ceux de New York et de Washington se reproduisent ?

CHOMSKY : Si l'on cherche une vraie réponse à cette question, il faut commencer par reconnaître que dans la majeure partie du monde, les États-Unis sont considérés comme un grand pays terroriste, ce qui n'est pas sans fondement. Rappelons par exemple qu'en 1986 les États-Unis ont été condamnés par la Cour internationale de justice pour « usage illégal de la force » (terrorisme international) et ont ensuite opposé leur veto à la résolution du Conseil de sécurité appelant tous les États (donc les États-Unis) à respecter le droit international. Cela n'est qu'un exemple parmi beaucoup d'autres.

Mais si l'on s'en tient à la question dans un sens plus restreint – le terrorisme des autres contre nous – nous savons très bien comment traiter le problème, quand l'objectif est de réduire la menace plutôt que de l'augmenter. Lorsque les bombes de l'IRA ont sauté à Londres, on n'a pas appelé à bombarder Belfast Ouest, ou Boston, d'où proviennent une grande partie des fonds du mouvement. Au contraire, on a pris des mesures pour appréhender les criminels et on a essayé de traiter les causes de ce recours à la terreur. Lors de l'attentat contre le bâtiment fédéral d'Oklahoma City, certains voulaient qu'on aille bombarder le Moyen-Orient, ce qui se serait probablement produit si on avait découvert que cet acte y avait été initié. Quand il s'est avéré que les instigateurs de cet attentat se trouvaient dans notre propre pays, dans les milieux liés aux milices d'extrême droite, personne n'a réclamé qu'on raye le Montana et l'Idaho de la carte. En revanche, on a cherché le coupable, qu'on a trouvé, jugé, et condamné, on a tenté de comprendre quelles rancunes pouvaient motiver de tels crimes et essayé de traiter le problème. Un crime – qu'il s'agisse d'un vol à la tire ou d'un massacre à grande échelle – a presque toujours des motifs, et bien souvent nous estimons que certains d'entre eux sont graves et méritent qu'on s'en préoccupe.

Il existe des moyens adaptés et légaux pour traiter les crimes, quelle que soit leur échelle. Et il y a des précédents dans ce domaine. Comme celui que je viens de citer, qui ne devrait absolument pas être sujet à polémique, compte tenu de la réaction des autorités internationales les plus élevées.

Dans les années 1980, les États-Unis ont attaqué le Nicaragua. Il y a eu des dizaines de milliers de morts. Le pays a été presque entièrement détruit, il ne s'en relèvera peut-être jamais. Cet attentat terroriste international s'est accompagné d'une guerre économique dévastatrice, qu'un petit pays, isolé par une superpuissance vindicative et cruelle, pouvait difficilement supporter, comme l'ont montré en détail les grands historiens du Nicaragua, dont Thomas Walker. Les conséquences sur le pays sont même plus graves que celles des récentes tragédies de New York. Mais les Nicaraguayens n'ont pas répliqué en lançant des bombes sur Washington. Ils sont allés devant la Cour internationale de justice, qui a statué en leur faveur, ordonnant aux États-Unis de cesser leur action et de payer des réparations importantes. Les États-Unis ont rejeté la décision du tribunal avec mépris et ont aussitôt intensifié leurs attaques. Le Nicaragua est donc allé devant le Conseil de sécurité de l'ONU, qui a alors proposé une résolution appelant les États à respecter le droit international. Les États-Unis ont été les seuls à y opposer leur veto. Le Nicaragua a ensuite présenté son cas à l'Assemblée générale de l'ONU, qui a voté une résolution similaire, laquelle a été adoptée à la majorité, tandis que les États-Unis et Israël ont voté contre deux années de suite (rejoints une fois par le Salvador). Voilà comment un État doit procéder. Si le Nicaragua avait été suffisamment puissant, il aurait pu demander la constitution d'un tribunal pénal spécial. Voilà le type d'actions que les États-Unis pourraient entreprendre et personne n'irait les en empêcher. C'est ce que les pays impliqués dans le conflit actuel leur demandent de faire, y compris leurs alliés.

Rappelez-vous que les gouvernements du Moyen-Orient et d'Afrique du Nord, comme le régime terroriste algérien, qui est l'un des plus barbares, ne demandent qu'à rejoindre les États-Unis pour lutter contre les réseaux terroristes qui les attaquent. Ils sont en première ligne. Mais ils réclament avant tout des preuves et veulent agir dans un cadre proposant au moins un respect minimal du droit international. À ce titre, l'Égypte est dans une situation ambiguë. Ce pays a joué un rôle capital dans l'organisation des forces radicales islamistes dont le réseau de Ben Laden faisait partie. Les Égyptiens en ont été les premières victimes avec l'assassinat de Sadate. Depuis, ils en restent l'une des principales cibles. Ils sont prêts à l'écraser, mais à condition, disent-ils, qu'on leur fournisse des preuves déterminant l'identité de ceux qui sont impliqués et que toute action soit entreprise dans le cadre de la Charte de l'ONU, sous l'égide du Conseil de sécurité.

Voilà la marche à suivre lorsqu'on cherche à empêcher la répétition d'actes aussi atroces. Il y en a une autre : réagir avec une violence extrême et se préparer à en suivre l'escalade, cela aboutissant à des crimes aussi barbares que ceux qui avaient suscité le désir de vengeance. C'est une dynamique très familière.

Quels sont les aspects qui n'ont pas été suffisamment abordés par la presse dominante, et pourquoi est-il important de leur accorder plus d'attention ?

Il y a plusieurs questions fondamentales.

Premièrement, de quels moyens d'action disposons-nous et quelles seraient leurs conséquences probables ? On n'a pratiquement pas discuté de l'option qui consisterait à se conformer à la loi, comme d'autres l'ont fait, par exemple le Nicaragua (sans succès, certes, mais personne dans le cas présent ne ferait obstacle aux États-Unis) ou la Grande-Bretagne avec l'IRA, ou les États-Unis eux-mêmes lorsqu'ils ont découvert que l'attentat d'Oklahoma City venait de chez eux. Les exemples sont très nombreux.

Il y a eu au contraire un concert tonitruant d'appels à la violence, et on a peu mentionné le fait que non seulement cette violence toucherait un grand nombre de personnes totalement innocentes, pour la plupart des Afghans, eux-mêmes victimes des talibans, mais que cela répondrait aussi aux prières les plus ferventes de Ben Laden et de son réseau.

La seconde question est : « Pourquoi ? » C'est un problème qu'on soulève rarement de manière sérieuse.

En refusant d'y faire face, on accroît de manière significative la probabilité que de tels crimes se reproduisent. Mais certains se sont quand même posé cette question. Comme je l'ai déjà dit, le *Wall Street Journal* – et c'est tout à son crédit – a exposé les opinions de « musulmans aisés », qui sont proaméricains mais critiquent sévèrement la politique des États-Unis au Moyen-Orient, pour des raisons connues de tous ceux qui y ont prêté un minimum d'attention. Dans la rue, les sentiments sont les mêmes, quoique beaucoup plus violents et plus enflammés.

Le réseau Ben Laden appartient à une autre catégorie, et ses actions depuis vingt ans ont d'ailleurs fait beaucoup de mal, dans cette région du monde, aux populations pauvres et opprimées qui ne sont pas au cœur des préoccupations des réseaux terroristes. Ces derniers puisent cependant dans un réservoir de colère, de peur et de désespoir, c'est pourquoi ils prient pour une réaction violente des États-Unis qui rallierait d'autres volontaires à leur horrible cause.

De tels sujets devraient occuper la une des journaux – du moins si nous espérons enrayer la violence plutôt que la stimuler.

III

La campagne idéologique

D'après trois entretiens, avec la Radio B92 (Belgrade), le 18 septembre 2001 ; avec Elise Fried et Peter Kreysler, pour la DeutschlandFunk Radio (Allemagne), le 20 septembre 2001 ; et avec le *Giornale del Popolo* (Suisse), le 21 septembre 2001.

Q : Que pensez-vous de la couverture de cet événement par les médias ? Peut-on établir un parallèle avec la manière dont on avait « fabriqué le consensus » lors de la guerre du Golfe ?

CHOMSKY : L'information donnée dans les médias américains n'est pas tout à fait aussi uniforme que les Européens semblent le croire, peut-être parce qu'ils se limitent au *New York Times,* aux chaînes de radio et de télévision publiques nationales, etc. Dans un de ses articles d'aujourd'hui, le *New York Times* a même concédé que les prises de position à New York sont assez différentes de celles transmises par le journal. C'est un bon article, qui suggère aussi que la presse dominante a négligé ce point, ce qui n'est pas tout à fait vrai, sauf pour le *New York Times* lui-même, jusqu'à ce jour.

Le *Times* révèle maintenant que « les tambours de la guerre... sont à peine audibles dans les rues de New York », et que les appels à la paix « dépassent largement les demandes de châtiment », même devant le plus grand « mémorial extérieur de la souffrance et du chagrin » dédié aux victimes de cette atrocité. Cette attitude n'est pas exceptionnelle. Il y a bien sûr un désir quasi unanime, ressenti par nous tous, de voir les responsables de cet acte arrêtés et punis, si on parvient à les retrouver. Mais il me semble qu'il y a aussi une forte aversion pour le choix d'une attaque aveugle entraînant le massacre d'un grand nombre d'innocents.

Cela dit, une des attitudes caractéristiques des grands médias et des classes intellectuelles en général consiste en temps de crise à se rallier au pouvoir et à inciter la population à se mobiliser pour la même cause. Cela s'est vérifié, avec une intensité frôlant l'hystérie, au moment des bombardements contre la Serbie. À ce titre, la guerre du Golfe n'a pas dérogé.

Et le même schéma se retrouve très loin dans l'histoire.

En supposant que les terroristes aient choisi d'attaquer le World Trade Center pour sa valeur symbolique, comment la mondialisation et l'hégémonie culturelle ont-elles contribué à faire naître la haine à l'égard de l'Amérique ?

C'est une idée extrêmement pratique pour les intellectuels occidentaux. Elle les dégage de toute responsabilité vis-à-vis des actions qui ont en réalité déterminé le choix du World Trade Center. L'explication de l'attentat de 1993 contre ce même bâtiment est-elle à rechercher dans les inquiétudes provoquées par la mondialisation et l'hégémonie culturelle ? Sadate a-t-il été assassiné il y a vingt ans à cause de la mondialisation ? Est-ce la raison pour laquelle le groupe des « Afghans » appartenant aux forces soutenues par la CIA a combattu la Russie en Afghanistan, ou maintenant en Tchétchénie ?

Il y a quelques jours, le *Wall Street Journal* a relaté la position d'Égyptiens aisés et privilégiés qui se trouvaient dans un McDonald's, habillés chic, à l'américaine, etc., et qui exprimaient des critiques sévères à l'égard des États-Unis pour des raisons objectives de politique bien connues de ceux qui veulent savoir ; quelques jours plus tôt, le journal avait rapporté l'opinion de Moyen-Orientaux riches et privilégiés, tous proaméricains mais critiquant durement la politique des États-Unis. Croyez-vous qu'ils s'inquiètent de la mondialisation, des McDonald's et de la fabrication des jeans ? Dans la rue, l'opinion est la même, mais en beaucoup plus intense, et n'a rien à voir avec ces excuses à la mode.

Excuses bien pratiques, au demeurant, pour les États-Unis et pour une grande partie du monde occidental. Je citerai l'éditorial du *New York Times* du 16 septembre : « Les coupables ont été mus par une haine des valeurs révérées en Occident, à savoir la liberté, la tolérance, la prospérité, le pluralisme religieux et le suffrage universel. » Quels que soient les agissements des États-Unis, ils n'ont rien à voir avec le problème, inutile donc de les mentionner (Serge Schmemann). L'image est réconfortante, et ce credo n'est pas exceptionnel dans l'histoire intellectuelle ; il est même plutôt proche de la norme. Il se trouve qu'il n'est pas en accord avec tout ce que nous savons, mais il a tous les mérites de l'autosatisfaction et du soutien inconditionnel au pouvoir. Et le défaut qu'en l'adoptant on augmente de manière significative le risque de voir se produire de nouvelles atrocités, dont certaines contre nous, peut-être encore plus épouvantables que celles du 11 septembre.

Quant aux membres du réseau Ben Laden, ils s'inquiètent aussi peu de la mondialisation et de l'hégémonie culturelle que des déshérités et des opprimés qu'ils font terriblement souffrir au Moyen-Orient depuis des années. Ils nous disent clairement quelles sont leurs préoccupations : ils mènent la guerre sainte contre les régimes corrompus, répressifs et « non islamistes » de cette région du monde et contre ceux qui les soutiennent, tout comme ils ont mené la guerre sainte contre les Russes dans les années 1980 (et le font maintenant en Tchétchénie, en Chine de l'ouest, en Égypte – depuis qu'ils ont assassiné Sadate en 1981 – et ailleurs).

Ben Laden lui-même n'a probablement jamais entendu parler de mondialisation. Ceux qui l'ont interviewé en détail, comme Robert Fisk, racontent qu'il ne connaît pratiquement rien du reste du monde et que ça ne l'intéresse pas. Nous pouvons donc toujours choisir d'ignorer les faits et nous satisfaire de ces fantasmes autocomplaisants, mais c'est à nos risques et périls, à nous et à d'autres. Nous pouvons aussi choisir d'ignorer, par exemple, les origines des « Afghans » comme Ben Laden et ses associés, même si ce n'est pas non plus un secret.

Les Américains ont-ils les connaissances nécessaires pour comprendre tout cela ? Sont-ils conscients du lien de cause à effet ?

Malheureusement non, et les Européens non plus. Ce qui est d'une importance cruciale aux yeux des élites du Moyen-Orient (et d'autant plus pour la rue) reste chez nous mal compris. Prenez la différence de politique adoptée par les États-Unis à l'égard d'une occupation militaire quand elle est le fait de l'Irak ou d'Israël. Voilà l'exemple le plus frappant de ce décalage.

En Irak, bien que les Occidentaux préfèrent entendre une autre histoire, les Moyen-Orientaux constatent que la politique américaine pratiquée ces dix dernières années a dévasté la société tout en renforçant le pouvoir de Saddam Hussein – qui, comme ils le savent, a reçu un large soutien de la part des États-Unis au moment où il perpétrait les pires atrocités, dont le gazage des Kurdes en 1988. Lorsque Ben Laden délivre ce message à la radio qui diffuse des émissions dans toute la région, les gens comprennent, même ceux qui se méfient de lui – et ils sont nombreux. En ce qui concerne les États-Unis et Israël, les faits les plus importants sont même rarement mentionnés et sont donc pratiquement inconnus du monde entier, et en particulier des élites intellectuelles.

Au Moyen-Orient, les gens ne partagent évidemment pas cette vision rassurante en vigueur aux États-Unis, qui qualifie de « généreuses » et de « magnanimes » les propositions faites à Camp David au cours de l'été 2000. Et il reste bien d'autres mythes auxquels nous sommes très attachés.

Il existe de nombreux ouvrages sur ce point, qui donnent une information détaillée à partir de sources incontestables, mais on ne le sait pas.

D'après vous, quelle sera la réaction du gouvernement américain ? À quelle volonté répond-il ?

Le gouvernement américain, comme d'autres, se plie à la volonté d'importants cercles de pouvoir nationaux. C'est une évidence. Il y a bien sûr d'autres influences, notamment celle des courants populaires – c'est vrai dans toutes les sociétés, même dans les régimes totalitaires durs, et plus encore dans les sociétés démocratiques. D'après ce que nous savons, le gouvernement américain va maintenant tenter de profiter de la situation pour charger au maximum son ordre du jour : militarisation, et notamment défense antimissiles, c'est-à-dire en clair militarisation de l'espace ; affaiblissement des programmes sociaux-démocrates ; détournement des inquiétudes face aux effets désastreux de la mondialisation, ou face aux problèmes d'environnement, ou d'assurance maladie, etc. ; mise en place de mesures destinées à transférer encore plus de richesses vers un minimum de personnes (en supprimant par exemple les charges pour les entreprises) ; subordination de la société afin d'éliminer le débat public et la contestation. Normal, et tout à fait naturel. En ce qui concerne sa riposte, le gouvernement écoute pour le moment, je suppose, les chefs d'État étrangers, les spécialistes du Moyen-Orient, et sans doute aussi ses services secrets, qui tous lui affirment qu'une offensive militaire massive comblerait les vœux de Ben Laden. Mais certains éléments belliqueux comptent profiter de l'occasion pour frapper leurs ennemis, avec une violence extrême, sans se soucier du nombre d'innocents qu'ils feront souffrir là-bas, mais aussi ici et en Europe, victimes du cycle infernal de la violence. Dynamique bien familière là encore. Il existe une foule de Ben Laden, dans les deux camps, comme d'habitude.

L'économie mondialisée a diffusé le modèle occidental dans le monde entier, et les États-Unis en sont les premiers défenseurs. Mais ils ont parfois recours à des moyens discutables, souvent humiliants pour les cultures locales. Ne sommes-nous pas confrontés aujourd'hui aux conséquences des dernières décennies de politique stratégique américaine ? L'Amérique est-elle une victime innocente ?

C'est une idée qui revient souvent. Je ne la partage pas. D'une part, le modèle occidental – notamment le modèle américain – est fondé sur une intervention importante de l'État dans l'économie. Les règles néolibérales obéissent aux mêmes principes qu'autrefois. Il y a deux poids deux mesures, autrement dit : la loi du marché, c'est bon pour vous, pas pour moi, sauf si je peux temporairement en tirer parti, quand je serai capable de gagner la course.

D'autre part, les événements du 11 septembre n'ont, à mon avis, pratiquement rien à voir avec l'économie mondialisée. Les vraies causes sont ailleurs. Rien ne peut justifier des crimes comme ceux du 11 septembre, mais on ne peut considérer les États-Unis comme une victime innocente que si l'on s'arrange pour ignorer leurs agissements et ceux de leurs alliés. Et ils ne sont, en fait, un secret pour personne.

Tout le monde s'accorde à dire qu'il y aura un avant et un après-11 septembre, qui se manifeste dans la vie quotidienne par la res-

triction des droits et dans la stratégie mondiale par l'apparition de nouvelles alliances et de nouveaux ennemis. Qu'en pensez-vous ?

[Note de l'éditeur : dans sa réponse, reproduite ici, Chomsky reprenait d'abord un point développé dans un précédent entretien, à savoir que le 11 septembre, pour la première fois depuis la guerre de 1812, les États-Unis ont été attaqués sur leur propre territoire par des forces étrangères. Voir page 11.]

Je ne crois pas que ceci mènera à une restriction grave et durable des droits à l'intérieur du pays. Les barrières culturelles et institutionnelles sont à mon sens bien trop fermement ancrées. Si les États-Unis choisissent de répliquer en frappant encore plus fort, ce que Ben Laden et ses associés espèrent certainement, les conséquences risquent d'être terribles. Il existe bien sûr d'autres méthodes, des voies légales et constructives, qui ont déjà servi à maintes reprises. Dans les sociétés libres et démocratiques, une opinion publique mobilisée peut pousser un pays à humaniser sa politique et la rendre beaucoup plus respectable.

Les services de renseignements mondiaux et les systèmes internationaux de contrôle (Echelon, par exemple) n'ont pas réussi à prévoir ce qui allait arriver, même si l'on connaissait l'existence d'un réseau de terrorisme islamiste. Comment Big Brother a-t-il pu être aveugle à ce point ? Devons-nous craindre aujourd'hui la mise en place d'un Big Brother encore plus grand ?

Franchement, je n'ai jamais pris très au sérieux ces craintes, largement exprimées en Europe, à propos de l'utilisation d'Echelon comme système de contrôle. En ce qui concerne les systèmes de renseignements mondiaux, on ne compte plus leurs échecs au fil des ans. C'est un sujet sur lequel j'ai écrit, d'autres aussi, et je ne vais pas m'attarder dessus ici.

Ces services font preuve de la même inefficacité lorsqu'ils s'occupent de cibles beaucoup plus faciles que le réseau Ben Laden, qui, lui, est sans doute si décentralisé, si dépourvu de structure hiérarchique et si dispersé dans le monde entier ou presque qu'il en devient impénétrable. On va certainement donner aux services secrets les moyens d'accentuer leurs efforts. Mais si l'on veut tenter sérieusement de réduire la menace que représente ce type de terrorisme, il faut, comme dans bon nombre d'autres cas, tenter d'en comprendre et d'en traiter les causes.

Ben Laden le démon : est-ce un véritable ennemi ou bien une marque, une sorte de logo qui identifie et personnifie le mal ?

Que Ben Laden soit directement impliqué dans ces actes ou pas, le réseau dont il était l'un des chefs – autrement dit, les forces que les États-Unis et leurs alliés ont mises en place pour leurs propres intérêts et soutenues tant qu'elles servaient ces intérêts – l'est, lui, très probablement. Il est beaucoup plus facile de personnifier un ennemi, qui devient ainsi le symbole du mal suprême, que de chercher à comprendre ce qui est à la source de crimes terribles. Et il est naturellement très tentant d'ignorer son propre rôle – qui dans ce cas n'est pas difficile à découvrir, qui est même bien connu de tous ceux qui sont un peu attentifs à cette région et à son histoire récente.

Cette guerre ne risque-t-elle pas de devenir un nouveau Viêt-nam ? La plaie n'est pas encore refermée.

On fait souvent ce rapprochement. Il révèle, à mon avis, l'impact profond de plusieurs centaines d'années de violence impérialiste sur la culture intellectuelle et morale occidentale. La guerre du Viêt-nam a commencé par une attaque américaine contre le Sud-Viêt-nam, qui est resté la cible principale des États-Unis. Elle s'est terminée par la destruction de presque toute l'Indochine. Si l'on ne veut pas admettre ce fait élémentaire, on ne peut pas parler sérieusement de la guerre du Viêt-nam. Cette guerre, il est vrai, a coûté cher aux États-Unis, même si l'impact sur l'Indochine a été incomparablement plus terrible. L'invasion de l'Afghanistan a aussi coûté cher à l'URSS, pourtant ce n'est pas le premier problème qui vienne à l'esprit lorsqu'on pense à ce crime.

IV

Crimes d'État

D'après des extraits d'un entretien réalisé
avec David Barsamian le 21 septembre 2001.

Q. Comme vous le savez, depuis les événements du 11 septembre, il existe aux États-Unis des sentiments de rage, de colère et de perplexité. Il y a eu aussi des meurtres, des attaques contre des mosquées et même contre un temple sikh. À l'université du Colorado, qui se trouve à Boulder, une ville de réputation libérale, des murs portent des graffiti où on lit : « Arabes, go home ! », « Bombardez l'Afghanistan ! » et « Rentrez chez vous, les Bédouins ! » Selon vous, quelles sont les perspectives de cette évolution depuis les attaques terroristes ?

CHOMSKY : Les choses sont complexes. Ce que vous décrivez existe certainement. D'un autre côté, il y a aussi des courants opposés. Je sais qu'ils existent car j'ai des contacts directs, et d'autres personnes m'ont dit la même chose.
[Note de l'éditeur : la réponse de Chomsky, telle qu'elle apparaît ici, fait écho à un commentaire qu'il a développé dans un entretien précédent et dans

lequel il évoquait l'atmosphère à New York et l'émergence d'un mouvement pacifiste. Voir p. 34.]

Il existe un autre type de réactions, celles qui apportent un soutien aux gens devenus des cibles ici parce qu'ils paraissent un peu basanés ou qu'ils portent un nom curieux. Ainsi coexistent divers courants. La question est : que pouvons-nous faire pour que les justes aient le dessus ?

Ne pensez-vous pas qu'il est plus que problématique d'engager des alliances avec des individus jugés « personnages peu fréquentables », des trafiquants de drogue et des assassins, dans le but d'atteindre ce que l'on appelle une noble fin ?

Souvenez-vous que quelques-uns parmi les moins fréquentables de ces personnages font partie des gouvernements de ces régions, tout comme ils se retrouvent dans notre propre gouvernement, ou dans celui de nos alliés. Si nous voulons être sérieux sur ce sujet, nous devons nous interroger : qu'est-ce qu'une noble fin ? Était-ce une noble fin que d'attirer les Russes dans le « piège afghan » en 1979, comme Zbigniew Brzezinski affirme qu'il l'a fait ? Apporter un soutien à la résistance contre l'invasion russe en décembre 1979 est une chose. Mais pousser à l'invasion, ainsi que Brzezinski proclame fièrement qu'il l'a fait, et organiser une armée terroriste de fanatiques islamistes pour accomplir ses propres desseins est une chose complètement différente.

Une autre question que nous devons nous poser à présent est celle-ci : que penser de l'alliance qui est train de se former, et que les États-Unis essaient de mettre en place ? Nous ne devrions pas oublier que les États-Unis eux-mêmes sont un État terroriste de premier plan. Et que penser de leur alliance avec la Russie, la Chine, l'Indonésie, l'Égypte, l'Algérie, tous pays qui seront ravis de voir se développer un système international sponsorisé par un tel partenaire et qui les autorisera à mettre à exécution leurs propres atrocités terroristes ? La Russie, par exemple, devrait être très heureuse de pouvoir compter sur les États-Unis dans sa guerre meurtrière en Tchétchénie. On y retrouve les mêmes « Afghans » qui combattent contre la Russie, et qui probablement accomplissent leurs actes terroristes à l'intérieur de la Russie. Comme peut-être aussi l'Inde, au Cachemire. L'Indonésie devrait être heureuse de se sentir soutenue dans ses massacres dans la province d'Aceh. L'Algérie, comme vient de l'annoncer la radio que nous écoutons, devrait, elle aussi, être contente d'avoir l'autorisation d'étendre son propre terrorisme d'État. [Note de l'éditeur : Chomsky se réfère au journal diffusé juste avant son entretien en direct avec Barsamian sur KGNU* (Boulder, Colorado).] Même chose pour la Chine, qui combat des éléments séparatistes dans

---

* Radio libre du comté de Boulder. (N. d. T.)

l'ouest du pays, parmi lesquels on compte des « Afghans » que la Chine et l'Iran avaient organisés en vue de la guerre contre les Russes, peut-être dès 1978, selon certaines sources. Et l'on pourrait continuer ainsi partout dans le monde.

Cependant, n'importe qui ne sera pas admis si facilement dans la coalition : il nous faut, malgré tout, conserver certains critères. « L'administration Bush a mis en garde [le 6 octobre] le parti de gauche sandiniste du Nicaragua, qui espère revenir au pouvoir par les élections le mois prochain, et qui a conservé des liens avec des États et des organisations terroristes, et qui par conséquent ne pourra pas être compté dans les rangs de la coalition internationale antiterroriste que l'administration tente d'organiser. » (George Gedda, Associated Press, 6 octobre.) « Comme nous l'avons déclaré précédemment, il n'y aura pas de compromis entre ceux qui s'opposent au terrorisme et ceux qui le soutiennent », a annoncé Eliza Koch, porte-parole du département d'État. Même si les sandinistes proclament qu'ils ont « abandonné leur politique socialiste et leurs anciens discours antiaméricains, la déclaration d'E. Koch [du 6 octobre] indique que l'administration conserve des doutes sur ces intentions de modération ». Les doutes de Washington sont compréhensibles. Après tout, le Nicaragua avait attaqué les États-Unis de façon si scandaleuse que Ronald Reagan avait été contraint à déclarer un état « d'urgence nationale » le 1er mai

1985, et à le proroger ensuite chaque année au motif que « la politique et les actions du gouvernement du Nicaragua constituent une menace extraordinaire et inhabituelle contre la sécurité nationale et la politique étrangère des États-Unis ». Reagan avait également décrété un embargo à l'encontre du Nicaragua « en réponse à la situation d'urgence créée par les activités agressives du gouvernement du Nicaragua en Amérique centrale », à savoir sa résistance à l'attaque américaine ; la Cour internationale de justice avait rejeté comme sans fondement les allégations de Washington concernant ces activités. Un an auparavant, Reagan avait fait du 1er mai le « Jour de la loi », afin de célébrer notre « alliance vieille de deux cents ans entre la loi et la liberté », et il avait ajouté que, sans lois, on ne trouverait que « chaos et désordre ». La veille, il avait célébré le Jour de la loi en annonçant que les États-Unis ne tiendraient aucun compte des conclusions de la Cour Internationale qui allait condamner son administration pour « usage illégal de la force » et violation des traités en raison de l'attaque contre le Nicaragua, ce qui, en guise de réponse à l'ordre de la Cour d'en finir avec ces crimes de terrorisme international, avait immédiatement aggravé les choses. À l'extérieur des États-Unis, bien sûr, le 1er Mai est le jour de la solidarité avec les luttes des travailleurs américains.

Il est donc compréhensible, dans ces conditions, que les États-Unis cherchent à obtenir de solides garanties de bonne conduite avant de permettre au Nicaragua, dirigé par des sandinistes, de rejoindre l'alliance des justes, dirigée par Washington, qui à présent engage d'autres pays à rejoindre la guerre menée contre le terrorisme depuis vingt ans : la Russie, la Chine, l'Indonésie, la Turquie, et autres dignes pays, mais bien sûr pas n'importe lesquels.

Voyez par exemple cette Alliance du Nord à laquelle les États-Unis et la Russie apportent tous deux un soutien. La plupart de ses chefs sont des seigneurs de guerre qui ont semé une telle terreur et occasionné tant de destructions que la majorité de la population a ensuite bien accueilli les talibans. En outre, ils sont presque sûrement impliqués dans les trafics de drogue avec le Tadjikistan. Ils contrôlent la plus grande partie de la frontière avec ce pays et l'on dit que le Tadjikistan est l'un des points majeurs de passage (peut-être même le plus important) de toute la drogue qui s'écoule finalement vers l'Europe et les États-Unis. Si les États-Unis développent leur alliance avec la Russie en armant lourdement ces forces et en lançant une quelconque offensive à partir de là, il est à prévoir que les quantités de drogue augmenteront sous l'effet du chaos qui s'ensuivra et de la fuite des réfugiés. Les « personnages peu fréquentables » sont, après tout, présents en nombre dans les annales de l'histoire, et on pourrait en dire autant des « nobles fins ».

Votre remarque sur les États-Unis, comme « État terroriste de premier plan » risque d'étonner beaucoup d'Américains. Pourriez-vous vous expliquer ?

L'exemple le plus évident, même s'il ne constitue pas le cas le plus extrême, est le Nicaragua. C'est le plus évident parce qu'il ne fait l'objet d'aucune controverse, du moins par ceux qui ont un minimum d'intérêt pour les lois internationales. [Note de l'éditeur : voir p. 29 pour une explication plus détaillée de Chomsky sur ce point.] Cela vaut la peine de se rappeler – en particulier depuis que cette condamnation a été systématiquement ignorée – que les États-Unis sont les seuls, comme pays, à avoir été condamnés pour terrorisme international par la Cour internationale de justice et les seuls à avoir rejeté une résolution du Conseil de sécurité qui appelait les États à observer les lois internationales.

Les États-Unis continuent leur terrorisme international. Il y a des exemples qui, en comparaison, peuvent paraître moins importants. Chacun ici avait été totalement scandalisé par l'attentat d'Oklahoma City et, pendant quelques jours, les grands titres des journaux disaient : « Oklahoma City ressemble à Beyrouth. » Je n'ai entendu personne remarquer que Beyrouth aussi ressemblait à Beyrouth, et l'explication tient en partie à ce que l'administration Reagan avait fait exploser là-bas, en 1985, une bombe très semblable à celle d'Oklahoma City, un camion plein d'explosifs, placé à l'extérieur d'une mosquée, minuté pour tuer le maximum de gens au moment où ils sortiraient. Cette explosion avait tué quatre-vingts personnes et en avait blessé deux cent cinquante, pour la plupart des femmes et des enfants, selon un rapport publié dans le *Washington Post* trois ans plus tard. Cet acte de terrorisme visait un dignitaire musulman que l'administration Reagan n'aimait pas et qu'elle a raté. Ce n'était pas vraiment un secret. Je ne sais pas quel nom vous donnez à une politique qui entraîne, d'une manière délibérée, la mort de peut-être un million de civils en Irak, sans compter celle d'un demi-million d'enfants, ce qui serait le prix que nous voudrions payer, selon la secrétaire d'État. Y a-t-il un nom à cela ? Le soutien à Israël dans ses atrocités est un autre exemple.

Appuyer la Turquie, qui écrase sa population kurde, et pays auquel l'administration Clinton avait apporté une aide décisive, 80 % de son armement, contribuant ainsi à intensifier la terreur, en est un autre encore. Il s'agissait là-bas d'atrocités véritablement massives, l'une des pires campagnes de nettoyage ethnique et de destructions des années 1990, à peine connue en raison de la responsabilité majeure des États-Unis – et si par hasard cette question malséante était mentionnée, elle était rejetée sous prétexte que ce n'était là qu'une « fausse note » dans notre engagement général pour « mettre fin à l'inhumanité » partout dans le monde.

Ou encore, prenons l'exemple de la destruction de l'usine de produits pharmaceutiques d'Al-Shifa, au Soudan – une simple note de bas de page dans la liste du terrorisme d'État, vite oubliée. Quelle aurait été la réaction si les réseaux Ben Laden avaient fait sauter la moitié des réserves pharmaceutiques américaines ainsi que les installations pour les reconstituer ? Nous pouvons l'imaginer, bien que cette comparaison soit faussée : les conséquences sont infiniment plus graves pour le Soudan. Cela mis à part, si les États-Unis, ou Israël, ou le Royaume-Uni avaient été la cible d'une telle monstruosité, quelles auraient été les réactions ? Dans le cas du Soudan, nous disons : « Ah oui, c'est vraiment regrettable, c'est une erreur sans importance, passons à un autre sujet, et tant pis pour les victimes. » D'autres, dans le monde, ne réagissent pas ainsi. Lorsque Ben Laden fait exploser ses bombes, il touche la corde sensible, même chez ceux qui le méprisent ou qui le craignent ; et il en va de même, malheureusement, pour une grande part de sa rhétorique.

Même s'il ne fait l'objet que d'une petite note, le cas du Soudan n'en est pas moins hautement instructif. Un des aspects intéressants est la réaction que l'on suscite dès que l'on ose mentionner cette affaire. C'est ce que j'ai fait dans le passé, et j'ai recommencé, en réponse aux questions que me posaient les journalistes peu après les attentats du 11 septembre. J'ai indiqué que le nombre des victimes de ces « crimes horribles » du 11 septembre commis avec « une malignité et une cruauté terrifiantes » (citant ainsi Robert Fisk) pouvait être comparable à celui du bombardement de Clinton sur l'usine d'Al-Shifa en août 1998. Cette conclusion plausible a déclenché des réactions extraordinaires, des sites Internet et des journaux ont été submergés de condamnations fébriles et extravagantes, que j'ignorerai. Le seul aspect important est que cette simple phrase – qui, à y regarder de plus près, apparaît plutôt comme une affirmation au-dessous de la vérité – a été considérée par un certain nombre de commentateurs comme tout à fait scandaleuse. Il est dès lors difficile d'éviter de conclure qu'à un certain niveau, et même s'ils le nient eux-mêmes, pour eux, nos crimes contre les faibles sont considérés comme aussi naturels que l'air que nous respirons. Je dis « nos » crimes, car nous sommes responsables, en tant que contribuables, pour ne pas avoir offert des dédommagements conséquents, pour avoir accordé refuge et immunité à leurs auteurs et parce que nous permettons que ces actes terribles soient enfouis dans les profondeurs d'une mémoire sélective. Tout cela revêt une signification extrême, comme c'était déjà le cas dans le passé.

Sur les conséquences des destructions de l'usine d'Al-Shifa, nous n'avons que des estimations. Le Soudan a demandé une enquête auprès des Nations unies afin de connaître les justifications de ce bombardement. L'enquête a également été bloquée par Washington, et il semble que peu de gens aient tenté de la poursuivre. Mais nous devrions sûrement le faire. Peut-être devrions-nous commencer par rappeler quelques vérités de base, au moins pour ceux qui se sentent un peu concernés par les droits de l'homme. Lorsque nous procédons à une estimation du nombre de victimes d'un crime, nous ne dénombrons pas uniquement ceux qui ont été tués sur le coup, mais aussi ceux qui sont morts à la suite de l'acte criminel. Telle est la démarche que la réflexion nous fait adopter, et à juste titre, quand nous examinons les crimes des ennemis officiels – Staline, Hitler, Mao, pour évoquer les cas extrêmes. Nous ne considérons pas alors que le crime devrait être atténué par le fait qu'il n'y avait pas intention de le commettre, mais qu'il était le résultat des structures institutionnelles et idéologiques : la famine en Chine entre 1958 et 1961, pour évoquer une situation tragique, n'est pas écartée et jugée sans objet sous prétexte que ce serait une « erreur » et que Mao n'avait pas « l'intention » de tuer des dizaines de millions de gens. On ne cherche pas à atténuer son bilan par des spéculations sur les raisons personnelles que Mao aurait eues pour donner les ordres qui ont conduit à cette famine. De même, que la condamnation des crimes d'Hitler en Europe de l'Est fasse négliger ceux de Staline est une allégation que nous récusons. Si nous avons la prétention d'être sérieux, il nous faut appliquer les mêmes règles à nous-mêmes, toujours. Dans le cas qui nous occupe, nous calculons le nombre des victimes en tenant compte de celles qui ont subi les conséquences de cet acte, et pas seulement de celles qui ont été tuées à Khartoum par des missiles de croisière ; et nous ne considérons pas que ce crime est atténué par le fait qu'il reflète le fonctionnement normal des politiques et des institutions idéologiques – ce qu'il reflète bien, en fait, et même s'il y a quelque chose de fondé dans les spéculations (à mon sens, douteuses) à propos des problèmes personnels de Clinton, elles n'ont aucun rapport avec la question, pour des raisons que chacun considère comme allant de soi lorsqu'on juge les crimes des ennemis officiels.

Une fois ces vérités bien en tête, jetons un coup d'œil sur tous les articles qu'a publiés la grande presse et que l'on se procure facilement. Je ne tiendrai aucun compte des longues analyses sur la validité du prétexte invoqué par Washington, porteur de fort peu de signification morale en comparaison de ses conséquences.

Un an après l'attaque, « dépourvu des médicaments d'importance vitale que les [installations détruites] produisaient, le Soudan voit augmenter, inexorablement, le nombre de ses morts. (...)

Ainsi, des dizaines de milliers de personnes – la plupart, des enfants – souffrent et meurent de paludisme, de tuberculose, et autres maladies curables. (...) [Al-Shifa] fournissait la population en médicaments abordables et fabriquait des produits vétérinaires vendus partout au Soudan. L'usine produisait 90 % des médicaments les plus utilisés dans le pays. (...) Les sanctions contre le Soudan lui interdisent d'importer les quantités de produits pharmaceutiques nécessaires pour couvrir les manques occasionnés par la destruction de l'usine. (...) L'acte commis par Washington le 20 août 1998 continue de priver le peuple du Soudan des médicaments indispensables. Des populations entières doivent se demander comment la Cour internationale de justice de La Haye célébrera cet anniversaire. » (Jonathan Belke, *Boston Globe*, 22 août 1999.)

« La perte de cette usine est une tragédie pour les communautés rurales qui ont besoin des médicaments. » (Tom Carnaffin, cadre technique, possédant une « connaissance intime » de l'usine détruite, cité par Ed Vulliamy, Henry McDonald, Shyam Bhatia et Martin Bright, *London Observer*, 23 août 1998, page 1.)

L'usine d'Al-Shifa « fabriquait 50 % des médicaments du Soudan, et sa destruction laisse le pays sans réserve de chloroquine, le traitement habituel contre le paludisme ». Mais des mois après, le gouvernement travailliste britannique a refusé d'accéder à sa demande de « réapprovisionner d'urgence le pays en chloroquine jusqu'à ce qu'il puisse recréer sa propre production pharmaceutique ». (Patrick Wintour, *Observer*, 20 décembre 1998.)

Les installations d'Al-Shifa étaient « les seules qui produisaient des médicaments contre la tuberculose – destinés à plus de cent mille patients, au prix d'environ une livre britannique par mois. Des versions importées, plus onéreuses, ne sont pas accessibles pour la plupart d'entre eux – ou pour leurs maris, femmes et enfants qui auront été infectés depuis. Al-Shifa était également la seule usine fabriquant des produits vétérinaires dans ce vaste pays, principalement pastoral. Ses spécialités étaient des remèdes contre les parasites qui se transmettent de bête à berger, et qui sont l'une des principales causes de mortalité infantile au Soudan ». (James Astill, *The Guardian*, 2 octobre 2001.)

Le bilan silencieux des morts ne cesse d'augmenter.

Ces articles sont tous écrits par des journalistes respectés, publiés dans des journaux importants. La seule exception est Jonathan Belke, le plus autorisé de tous ceux que je viens de citer. Directeur d'un programme régional à la Fondation du Proche-Orient, il écrit en s'appuyant sur son expérience du terrain, au Soudan. Cette fondation, qui remonte à la Première Guerre mondiale, est une institution respectée, elle œuvre pour le développement. Elle fournit une assistance technique aux pays pauvres du Moyen-Orient et d'Afrique, privilégie les projets de développement de base, dirigés par les populations concernées, et travaille en étroite relation avec de grandes universités, des organisations caritatives, le département d'État. Collaborent à cette fondation des diplomates de renom du Moyen-Orient, et des figures prestigieuses du monde éducatif et de celui du développement, pour cette zone géographique.

Ainsi, selon des analyses fiables qui nous sont facilement accessibles, la destruction d'Al-Shifa, à l'échelle des populations concernées, pourrait être décrite ainsi : ce serait comme si le réseau Ben Laden avait réussi, par une unique attaque contre les États-Unis à ce que « des centaines de milliers de personnes – la plupart, des enfants – souffrent et meurent de maladies aisément curables », bien que l'analogie, comme je l'ai déjà dit, soit faussée. Le Soudan est « l'une des zones les moins développées au monde. Son climat rude, ses populations dispersées, les risques sanitaires et les infrastructures défaillantes se combinent pour que la vie de nombreux Soudanais soit une lutte pour survivre ». Le pays connaît un paludisme endémique, la tuberculose, et bien d'autres maladies. Les épidémies périodiques de méningite ou de choléra n'y sont pas rares », autrement dit, dans ce pays, les médicaments abordables sont une nécessité vitale. (Jonathan Belke et Kamal El-Faki, rapports techniques effectués sur le terrain, pour la Fondation du Proche-Orient.) En outre, ce pays ne possède que des zones restreintes de terrains arables, il souffre d'une pénurie chronique d'eau potable, son taux de mortalité est extrêmement élevé, il a peu d'industries, il croule sous les dettes, il est ravagé par le sida, dévasté par une atroce et meurtrière guerre civile et il fait l'objet de sévères sanctions. Ce qu'il advient réellement là-bas, nous ne pouvons que l'imaginer, et cela vaut aussi pour les estimations de Belke (tout à fait plausibles), qui considère qu'en un an des dizaines de milliers de personnes ont déjà « été atteintes de maladies et en sont mortes », une conséquence directe de la destruction de la plus importante usine qui produisait des médicaments abordables pour la population, et des produits vétérinaires.

Nous n'avons pourtant qu'effleuré la question.

Selon le rapport transmis sur-le-champ par l'organisation humanitaire Human Rights Watch, le bombardement a eu comme conséquence immédiate que « toutes les agences de l'ONU dont le siège était à Khartoum ont évacué leur personnel américain. Beaucoup d'autres organisations de secours » en ont fait autant, ce qui a eu pour résultat que « de nombreuses tentatives d'aide ont été retardées pour un temps non déterminé, y compris un projet crucial, américain, dirigé par le Comité international de sauvetage [dans une ville tenue par les forces gouvernementales] où plus de cinquante personnes originaires du sud du pays meurent chaque jour ». Les Nations unies estiment en effet que dans certaines régions du « sud du Soudan, 2,4 millions de personnes risquent de mourir de faim », et que « l'interruption des secours » dans des « populations ravagées » pourrait provoquer « une crise terrible ».

Pire encore, le bombardement américain « semble avoir stoppé net la lente évolution qui se dessinait vers un compromis entre les différentes parties belligérantes du Soudan » et a freiné le processus qui aurait abouti à un traité de paix et mis fin à la guerre civile, laquelle a provoqué la mort d'un million et demi de personnes depuis 1981 ; ce processus aurait pu également conduire à « la paix en Ouganda et dans tout le bassin du Nil ». L'attaque, apparemment, a « brisé [...] les bénéfices que l'on escomptait à la suite d'un glissement de politique au sein du gouvernement islamiste du Soudan », qui se dirigeait vers « un engagement pragmatique en direction du monde extérieur », en même temps qu'il tentait de résoudre ses crises internes, de cesser de soutenir le terrorisme et de réduire l'influence des islamistes radicaux. (Mark Huband, *Financial Times*, 8 septembre 1998.)

Avec de telles conséquences, nous pourrions comparer le crime du Soudan avec l'assassinat de Lumumba, qui a contribué à plonger le Congo dans des décennies de tueries, non encore achevées ; ou bien avec le renversement du gouvernement démocratique du Guatemala en 1954, qui a conduit à quarante années d'abominables atrocités ; ou à d'autres situations du même genre, bien trop nombreuses.

Les conclusions de Huband ont été reprises trois ans plus tard par James Astill, dans l'article cité plus haut. Ce dernier cherche à évaluer « le coût politique pour un pays qui essayait de sortir d'une dictature totalitaire militaire, d'un islamisme désastreux et d'une guerre civile interminable » de l'attaque des missiles qui, « du jour au lendemain [a replongé] Khartoum dans le cauchemar d'un extrémisme impuissant. » Le « coût politique » pourrait bien avoir été encore plus désastreux pour le Soudan que la destruction de ses « fragiles services médicaux », conclut-il.

Astill cite le docteur Idris Eltayeb, l'un des très rares pharmacologues soudanais, président du conseil d'administration d'Al-Shifa : ce crime, dit-il, est « exactement un acte de terrorisme, tout autant que ce qui s'est passé contre les Twin Towers – les tours jumelles –, mais la seule différence est que nous savons qui l'a commis. Je ressens beaucoup de tristesse pour tous ceux qui ont perdu la vie [à New-York et à Washington], mais en terme quantitatifs et s'agissant du coût relatif pour un pays pauvre, [le bombardement du Soudan] a été pire. »

Malheureusement, il pourrait bien avoir raison sur les vies perdues, en « termes quantitatifs », même si nous ne prenons pas en compte le « coût politique » à longue échéance.

Évaluer le « coût relatif » est une entreprise dans laquelle je ne me lancerai pas, et il va sans dire que le classement des crimes selon ce genre d'échelle est généralement ridicule, même si la comparaison du nombre des victimes est parfaitement convenable et couramment pratiquée dans les travaux universitaires.

Le bombardement a eu également un coût sévère pour le peuple américain, un coût devenu criant le 11 septembre, ou qui aurait dû le devenir. Il me paraît remarquable que ce point n'ait pas été mis suffisamment en évidence – s'il l'a jamais été –, au cours des longues discussions qui ont eu lieu à propos des échecs des services de renseignements, que l'on retrouve à l'arrière-plan des attentats du 11 septembre.

Juste avant l'attaque par les missiles en 1998, le Soudan détenait deux hommes soupçonnés d'avoir lancé des bombes contre les ambassades américaines en Afrique orientale, et en avait averti Washington, comme l'ont confirmé des officiels américains. Mais les États-Unis ont rejeté l'offre de coopération du Soudan et, après l'attaque des missiles, le Soudan « a relâché avec colère » les suspects (James Risen, *New York Times,* 30 juin 1999) ; ils ont depuis été identifiés comme des agents de Ben Laden. Des rapports récemment communiqués par le FBI font état d'une raison supplémentaire pour laquelle le Soudan avait « relâché avec colère » les suspects. Selon ces rapports, le FBI aurait voulu que ces hommes soient extradés, mais le département d'État avait refusé. Une « source émanant de la direction de la CIA » décrit à présent ce refus ainsi que le rejet d'autres offres de coopération faites par le Soudan comme « le plus grave de tous les échecs imputables aux services de renseignements dans toute cette terrible affaire » du 11 septembre. « C'est la clé de tout ce qui est arrivé ensuite » en raison des preuves surabondantes que le Soudan proposait de fournir sur Ben Laden, propositions qui ont été repoussées plusieurs fois à cause de la « haine irrationnelle » de l'administration Clinton pour le Soudan, indique cette même source provenant de la CIA. Parmi les offres que le Soudan avait faites et qui ont été rejetées figurait « une importante base de données concernant Oussama Ben Laden et plus de deux cents dirigeants de son réseau terroriste Al-Qaida, pendant les années qui ont précédé les attaques du 11 septembre ». Le Soudan avait proposé à Washington « de gros dossiers, avec des photos et les biographies détaillées d'un grand nombre de ses principaux cadres, et des informations de premier plan sur les intérêts financiers d'Al-Qaida en de nombreuses régions du monde », mais l'offre avait été repoussée, par « haine irrationnelle » à l'égard de ce pays, cible des missiles américains. « Il est convenable de dire que si nous avions possédé ces données, nous aurions eu de meilleures chances de prévenir les attaques » du 11 septembre, conclut cette même source, provenant de la direction de la CIA. (David Rose, *The Observer*, 30 septembre, rapport d'enquête commandée par l'*Observer*.)

On peut donc à peine tenter un bilan du bombardement sur le Soudan, même s'il l'on met de côté les victimes immédiates soudanaises, probablement des dizaines de milliers. On devrait attribuer le bilan total des victimes à un acte unique de terrorisme – du moins si nous avions l'honnêteté d'adopter les règles que nous appliquons à juste titre aux ennemis officiels. Les réactions en Occident nous en apprennent beaucoup sur nous-mêmes, à condition que nous acceptions de nous regarder dans le miroir.

Pour en revenir à « notre petite région de par ici qui n'a jamais ennuyé personne », comme le disait Henry Stimson à propos de la moitié occidentale du monde, prenons Cuba. Après les nombreuses années de terreur qui ont commencé à la fin de 1959, et durant lesquelles des actes épouvantables ont été commis, Cuba aurait dû avoir le droit de recourir à la violence contre les États-Unis, selon la doctrine américaine que l'on ose à peine mettre en question. Il est malheureusement trop facile de continuer l'énumération, pas seulement en ce qui concerne les États-Unis, mais aussi pour d'autres États terroristes.

Dans votre livre Culture of Terrorism, *vous écrivez que « la scène culturelle est illuminée d'une clarté particulière par la pensée des colombes libérales, qui posent des limites à la dissidence acceptable ». Comment ces « colombes » ont-elles réagi depuis les événements du 11 septembre ?*

Je n'aime pas généraliser, prenons donc un exemple concret. Le 16 septembre, le *New York Times* rapportait que les États-Unis avaient réclamé du Pakistan qu'il cesse toute aide alimentaire à l'Afghanistan. Cette demande n'avait d'abord été que suggérée, mais là elle était formulée expressément. Parmi les demandes qu'adressait Washington au Pakistan, il y avait « l'exigence... que soit mis fin aux convois de camions qui approvisionnent en nourriture et en autres produits la population civile afghane » – cette nourriture qui maintient probablement des millions de gens au bord extrême de la famine. (John Burns, Islamabad, *New York Times.*) Qu'est-ce que cela signifie ? Cela signifie qu'un nombre inconnu d'Afghans affamés vont mourir. Sont-ils des talibans ? Non, ils sont victimes des talibans. Beaucoup d'entre eux sont des réfugiés intérieurs empêchés de partir. Mais voilà, nous avons là une déclaration qui dit : « Okay, mettons-nous à tuer un nombre inderterminé, peut-être des millions d'Afghans affamés, victimes des talibans. » À cela, quelle a été la réaction ?

J'ai passé presque toute la journée suivante à suivre les programmes des radios et télévisions du monde. J'ai continué à soulever le problème. Personne en Europe ou aux États-Unis n'aurait pensé à avoir un seul mot de réaction. Partout ailleurs dans le monde il y a eu énormément de réactions, et même à la périphérie de l'Europe, en Grèce, notamment. Comment aurions-nous dû réagir ? Supposons qu'il ait existé une puissance assez forte pour dire : « Allez, employons un moyen qui fera mourir de faim un nombre immense d'Américains. » Pensez-vous que ce soit sérieux ? Et, encore une fois, l'analogie est faussée. Car, abandonné après avoir été dévasté par l'invasion soviétique et exploité pour la guerre de Washington, l'Afghanistan est en ruines et son peuple désespéré. Nous sommes face à l'une des crises humanitaires les plus tragiques.

La National Public Radio, que l'administration Reagan nommait dans les années 1980 « Radio Managua sur Potomac », est également considérée comme « à l'écart » des débats respectables. Noah Adams, invité à l'émission « Tout bien considéré », a posé ces questions le 17 septembre : « Les assassinats doivent-ils être autorisés ? Doit-on donner à la CIA une marge de manœuvre encore plus importante ? »

On ne devrait pas permettre à la CIA de commettre des assassinats, ce serait la moindre des choses. Est-ce que la CIA aurait dû être autorisée à organiser cet attentat par camion piégé à Beyrouth que j'ai raconté plus tôt ?

Au passage, cela n'a d'ailleurs pas été un secret. On en a beaucoup parlé dans la grande presse, même si on l'a très rapidement oublié. Aucune loi n'a été violée. Et il ne s'agit pas seulement de la CIA. Est-ce qu'il aurait dû être permis d'organiser au Nicaragua une armée terroriste qui avait comme tâche officielle, selon les propres paroles du département d'État, d'attaquer des « cibles faibles » du pays, entendez par là des coopératives de paysans qui ne pouvaient pas se défendre ou des cliniques ? Souvenez-vous que le département d'État a approuvé officiellement ce genre d'attaques tout de suite après que la Cour internationale de justice eut ordonné aux États-Unis de mettre fin à leur campagne terroriste internationale et de payer des réparations substantielles.

Comment nommer une telle attitude ? Et que dire du fait d'avoir mis en place quelque chose comme le réseau Ben Laden, pas lui en personne, mais des organisations en arrière-plan ?

Les États-Unis doivent-ils être autorisés à fournir Israël en hélicoptères de combat utilisés pour commettre des assassinats politiques et des attaques sur des cibles civiles ? Ce n'est pas la CIA. C'est l'administration Clinton, et ce, sans qu'aucune opposition sensible se manifeste. En fait, cela n'a même pas été mentionné, et les sources étaient pourtant irréprochables.

Pourriez-vous définir brièvement les usages politiques du terrorisme ? Comment s'inscrit-il dans le système doctrinal ?

Les États-Unis mènent officiellement ce que l'on appelle une « guerre de faible intensité ». C'est la doctrine officielle. Si vous lisez les définitions habituelles d'un conflit de faible intensité et que vous les comparez avec les définitions officielles du terrorisme données par le Code américain [voir note p. 18, 1er chapitre] vous vous apercevrez qu'elles sont presque semblables. Le terrorisme est l'utilisation de moyens coercitifs dirigés contre des populations civiles dans l'intention d'atteindre des visées politiques, religieuses ou autres. C'est ce qui s'est passé avec l'attaque du World Trade Center, un crime terroriste particulièrement horrible.

Le terrorisme, selon les définitions officielles, est simplement une composante de l'action des États, c'est la doctrine officielle, et ce n'est pas seulement celle des États-Unis, bien sûr.

Il n'est pas, comme on le prétend souvent, « l'arme des faibles ».

En outre, toutes ces choses devraient être connues. Il est honteux qu'elles ne le soient pas. Ceux qui veulent s'informer sur ce sujet peuvent commencer par lire les essais publiés par Alexandre George, déjà cités, qui présentent de très nombreux cas. Il y a des faits que les gens ont besoin de savoir s'ils veulent comprendre quelque chose sur eux-mêmes. Ces faits sont connus des victimes, bien entendu, mais leurs auteurs préfèrent regarder ailleurs.

V

Le choix des armes

D'après un entretien réalisé le 22 septembre 2001 par Michael Albert.

Q : Supposons, pour notre débat, que Ben Laden est bien à l'origine de ces attentats. Dans ce cas, quelles pouvaient être ses motivations ? Ces actes ne vont certainement pas aider les populations pauvres et opprimées, et encore moins les Palestiniens, alors quel but visait-il, s'il a planifié l'attaque ?

CHOMSKY : Il faut être très prudent là-dessus. Selon Robert Fisk, qui l'a interviewé longuement à plusieurs reprises, Oussama Ben Laden partage le sentiment de colère qui règne au Moyen-Orient à l'égard de la présence militaire des États-Unis en Arabie Saoudite, de leur soutien aux atrocités commises envers les Palestiniens et de leur rôle majeur dans la ruine de la société civile irakienne. Ce sentiment de colère se retrouve chez les riches comme chez les pauvres et dans tout l'éventail politique.

Beaucoup de ceux qui connaissent bien la situation doutent aussi de la capacité de Ben Laden à planifier, quelque part dans une grotte en Afghanistan, cette opération d'une sophistication incroyable. Mais il est tout à fait plausible que son réseau soit impliqué, et le fait est qu'il joue auprès de ses membres un rôle d'instigateur. Les reseaux terroristes sont décentralisés, non hiérarchisés et communiquent entre eux de manière probablement très limitée. Il se peut que Ben Laden dise la vérité quand il affirme n'avoir rien su de cette opération.

Tout cela mis à part, Ben Laden est plutôt clair lorsqu'il explique ce qu'il veut non seulement aux Occidentaux, comme Fisk, qui demandent à l'interviewer, mais surtout au public arabophone qu'il atteint par le biais de cassettes largement diffusées. Si l'on suit son raisonnement, pour notre débat, la première cible est l'Arabie Saoudite et d'autres régimes répressifs et corrompus du Moyen-Orient, aucun n'étant véritablement « islamique ». Son réseau et lui sont résolus à soutenir les musulmans qui se défendent contre les « infidèles », où que ce soit : en Tchétchénie, en Bosnie, au Cachemire, dans l'ouest de la Chine, en Asie du Sud-Est, en Afrique du Nord, partout peut-être. Ils ont lancé et gagné la guerre sainte pour expulser les Russes (des Européens qui à leurs yeux ne se différencient sans doute pas fondamentalement des Anglais ou des Américains) de l'Afghanistan musulman, et ils sont encore plus déterminés à expulser les Américains d'Arabie Saoudite. C'est en effet un pays auquel ils tiennent particulièrement puisqu'il abrite les sites les plus sacrés de l'islam.

L'appel de Ben Laden à renverser les régimes violents et corrompus instaurés par des « gangsters et des tortionnaires » reçoit un large écho, comme son indignation devant les atrocités attribuées par ui et par d'autres aux États-Unis, peut-être pas sans raison. Il est absolument exact que ses crimes font un tort considérable aux gens les plus pauvres et les plus opprimés de cette région du monde. Les derniers attentats, par exemple, ont terriblement nui aux Palestiniens. Mais ce qui paraît d'une incohérence totale vu de l'extérieur peut être perçu assez différemment de l'intérieur. En luttant avec courage contre les oppresseurs, qui sont bien réels, Ben Laden peut passer pour un héros, même si ses agissements font souffrir la masse des déshérités. Et si les États-Unis parviennent à le tuer, il risque de devenir encore plus puissant, transformé en martyr dont on entendra toujours la voix, notamment grâce aux cassettes qui circulent. Il est, après tout, autant un symbole qu'une force objective, pour les États-Unis comme pour une bonne partie de la population.

Nous avons, je pense, toutes les raisons de le croire sur parole. Et la CIA ne peut pas dire qu'elle ait été surprise par ses crimes. La « riposte » des forces radicales islamistes – forces organisées, armées et entraînées entre autres par les États-Unis, l'Égypte, la France, le Pakistan – a commencé dès 1981 avec l'assassinat du président égyptien Sadate, qui était pourtant l'un des créateurs les plus enthousiastes des forces rassemblées pour faire la guerre sainte contre les Russes. Depuis, les violences se sont poursuivies sans trêve.

La riposte a été plutôt directe, et a suivi un schéma déjà vu et revu pendant cinquante ans d'histoire, qui comprend la diffusion de drogue et la violence. Pour citer un exemple, le principal spécialiste du sujet, John Cooley, raconte que des agents de la CIA ont « volontairement aidé » un religieux islamiste, le cheikh Omar Abdel Rahman, à entrer aux États-Unis en 1990 *(Unholy Wars)*. Il était déjà recherché à cette époque par l'Égypte pour actes de terrorisme. En 1993, il a été impliqué dans l'attentat contre le World Trade Center. Cet attentat a été réalisé selon les procédures enseignées par les manuels de la CIA fournis, semble-t-il, aux « Afghans » pendant la guerre contre les Russes. Le plan comprenait aussi la destruction du bâtiment de l'ONU, des tunnels Lincoln et Holland, ainsi que d'autres cibles. Le cheikh Omar a été jugé pour conspiration et condamné à une longue peine de prison.

Là encore, si Ben Laden a planifié ces attentats, et surtout si la crainte de voir se reproduire des actions de ce type est fondée, quelle serait la bonne approche pour réduire ou éliminer le risque ? Quelles mesures faudrait-il prendre, aux États-Unis et ailleurs, aux niveaux national et international ? Quels seraient les effets de ces mesures ?

Il n'y a pas de cas général, mais on peut relever quelques analogies. Quelle était pour la Grande-Bretagne la solution à adopter face aux bombes de l'IRA à Londres ? Elle aurait pu choisir d'envoyer la RAF bombarder ceux qui financent le mouvement, donc viser Boston, par exemple, ou d'infiltrer le réseau afin de capturer ceux qui étaient soupçonnés d'apporter des fonds, les tuer ou les transférer à Londres pour qu'ils soient jugés.

Réalisable ou pas, cela aurait été de toute façon une imbécillité criminelle. L'autre option était d'étudier, sans se voiler la face, les peurs et les frustrations sous-jacentes et de tenter d'y remédier, tout en suivant la procédure légale pour punir les criminels. On peut trouver cela beaucoup plus sensé. Ou prenons encore l'attentat contre le bâtiment fédéral d'Oklahoma City. Il a été aussitôt suivi d'appels à bombarder le Moyen-Orient, ce qui se serait probablement passé si on avait trouvé le moindre soupçon de lien avec cette région. Quand on a découvert qu'il s'agissait en fait d'une attaque planifiée chez nous, par quelqu'un en relation avec les milices, personne n'a réclamé qu'on raye le Montana et l'Idaho de la carte, ou encore la « République du Texas », qui ne cesse d'appeler à la sécession vis-à-vis du « gouvernement illégitime et oppresseur de Washington ». En revanche, on a cherché le coupable, qu'on a trouvé, jugé et condamné, puis on a poussé l'intelligence de la réaction jusqu'à faire l'effort de comprendre les rancunes qui pouvaient motiver de tels crimes et essayer de traiter le problème. Voilà au moins la marche à suivre quand on se soucie de respecter un minimum de vraie justice et qu'on espère empêcher la répétition de tels actes plutôt que la stimuler. On peut pratiquement toujours appliquer les mêmes principes, tout en restant attentif à la spécificité des circonstances. Dans le cas qui nous occupe, on peut effectivement les appliquer.

Mais quelles actions les États-Unis comptent-ils entreprendre ? Quelles seront les conséquences, s'ils mettent leur projet à exécution ?

Ce qui a été annoncé est presque une déclaration de guerre adressée à tous ceux qui n'adhèrent pas au recours à la violence préconisé par Washington, quel que soit leur choix par ailleurs.

Les nations du monde sont mises au pied du mur : vous rejoignez notre croisade, ou alors vous « courez le grand risque de devoir affronter la mort et la destruction ». (R.W. Apple, *New York Times*, 14 septembre.) La rhétorique adoptée par Bush le 20 septembre reprend avec force le même credo. Pris à la lettre, cela ressemble à une déclaration de guerre à presque tous les pays du monde. Mais je suis sûr que nous ne devrions pas le prendre à la lettre. Les têtes pensantes du gouvernement ne veulent pas saper leurs propres intérêts de manière aussi calamiteuse. Nous ne connaissons pas la vraie nature de leurs plans. Mais je pense qu'elles vont prêter une oreille attentive aux chefs d'État étrangers, aux spécialistes du Moyen-Orient et sans doute aussi à leurs propres services secrets, qui tous les mettent en garde contre une offensive militaire massive qui, en faisant un grand nombre de victimes civiles, « comblerait totalement les vœux des coupables du carnage de Manhattan. Des représailles militaires élèveraient leur cause, transformeraient leur chef en idole, valideraient le fanatisme au détriment de la modération. Si l'histoire a jamais eu besoin d'un catalyseur pour redéclencher un conflit terrible entre les Arabes et l'Occident, il risque d'être tout trouvé. » (Déclaration publiée dans le *Times*, Londres, le 14 septembre, signée Simon Jenkins, qui, avec quelques autres, a insisté sur ces points dès le début.)

Même si Ben Laden est tué – et peut-être d'autant plus, d'ailleurs – un massacre d'innocents ne fera qu'exacerber les sentiments de colère, de désespoir et de frustration qui minent la région, et pousser de nouveaux volontaires à défendre cette cause horrible.

Ce que les membres du gouvernement vont décider de faire dépendra, au moins en partie, de l'humeur qui règne chez nous, sur laquelle nous pouvons espérer exercer une influence. Nous ne pouvons pas dire avec certitude quelles seront les conséquences de leurs actes, pas plus qu'eux-mêmes. Mais il y a des estimations plausibles et, à moins de suivre le cours de la raison, de la loi et des obligations fixées par les traités, les perspectives risquent d'être très sombres.

On dit souvent que les citoyens des nations arabes auraient dû prendre la responsabilité de supprimer de la planète les terroristes ou les gouvernements qui soutiennent les terroristes. Quelle est votre réaction ?

Il est logique de demander à des citoyens d'éliminer des terroristes et non de les élire à des postes élevés, de les couvrir d'éloges et de récompenses. Mais je n'irai pas jusqu'à dire que nous aurions dû « faire disparaître de la planète nos représentants élus, leurs conseillers, leur claque intellectuelle et leurs clients », ou que nous aurions dû détruire notre gouvernement et d'autres gouvernements occidentaux parce qu'ils avaient commis des crimes terroristes ou aidé des terroristes dans le monde entier – cela comprend les États qui sont passés du statut d'amis et d'alliés choisis au statut de « terroristes » parce qu'ils ont désobéi aux ordres américains : Saddam Hussein, par exemple, et bien d'autres. Toutefois, il est plutôt injuste d'accuser les citoyens soumis à des régimes durs et tyranniques que nous soutenons de ne pas prendre cette responsabilité, quand nous sommes incapables de le faire nous-mêmes alors que nous vivons dans des conditions largement plus propices.

D'après certains, l'histoire a montré qu'une nation attaquée rend coup pour coup. Qu'en pensez-vous ?

Quand un pays est agressé, il essaie si possible de se défendre. En vertu du précepte proposé, le Nicaragua, le Sud-Viêt-nam, Cuba et bon nombre d'autres pays auraient dû bombarder Washington et d'autres villes américaines, on devrait applaudir les bombes palestiniennes à Tel-Aviv et ainsi de suite. C'est parce que ces préceptes avaient conduit l'Europe au bord de l'auto-anéantissement après des centaines d'années de sauvagerie que les nations du monde ont conçu un pacte différent, à la fin de la Seconde Guerre mondiale. Celui-ci établit – en théorie du moins – le principe selon lequel tout recours à la force est exclu, sauf en cas de légitime défense contre une offensive armée, jusqu'à ce que le Conseil de sécurité entre en action pour défendre la paix et la sécurité internationales. Les représailles, en particulier, sont interdites. Les États-Unis ne se trouvant pas sous le coup d'une offensive armée au sens entendu par l'article 51 de la Charte des Nations unies, ce motif ne peut pas être invoqué – du moins si nous convenons que les principes fondamentaux du droit international doivent aussi s'appliquer à nous, et pas seulement à ceux que nous n'aimons pas.

Le droit international mis à part, nous disposons de plusieurs siècles d'expérience qui nous montrent exactement ce qu'entraîne le précepte proposé maintenant et acclamé par de nombreux commentateurs. Dans un monde doté d'armes de destruction massive, ce qu'il entraîne, c'est la fin imminente de l'expérience humaine – finalement, c'est pour cela que les Européens ont décidé il y a cinquante ans qu'il valait mieux mettre un terme au jeu de massacre mutuel auquel ils se livraient depuis des siècles.

Tout de suite après le 11 septembre, beaucoup de gens ont été horrifiés de voir dans certaines parties du monde, entre autres au Moyen-Orient, des manifestations de colère vis-à-vis des États-Unis. Ces images montrant des gens en train de fêter la destruction du World Trade Center laissent un désir de vengeance. Qu'en pensez-vous ?

Une armée soutenue par les États-Unis a pris le contrôle de l'Indonésie en 1965, provoquant le massacre de centaines de milliers de gens, pour la plupart des paysans dépourvus de terres. La CIA a comparé ce carnage aux crimes d'Hitler, de Staline et de Mao. Le massacre, relaté en détail, a suscité des manifestations d'euphorie débridée en Occident, dans la presse nationale et ailleurs. Les paysans indonésiens ne nous avaient fait aucun mal. Quand le Nicaragua a fini par succomber aux attaques américaines, la presse dominante salua le succès des méthodes employées pour « démolir l'économie et poursuivre une guerre par procuration longue et meurtrière jusqu'à ce que les habitants épuisés renversent eux-mêmes ce gouvernement indésirable », méthodes d'un coût « minimal » pour les États-Unis, qui ont en outre laissé les victimes « avec leurs ponts détruits, leurs centrales électriques sabotées et leurs fermes dévastées », fournissant par là même au candidat américain une « mission victorieuse » : mettre fin à « l'appauvrissement du peuple nicaraguayen » *(Time)*. Nous sommes « unis dans la joie » à cette perspective, a proclamé le *New York Times*. On peut facilement multiplier les exemples.

Peu de gens dans le monde ont fêté les crimes de New York ; au contraire, il est bouleversant de constater que ces atrocités ont provoqué des élans de compassion, même dans des zones où la population est sous le joug de Washington depuis bien, bien longtemps. Mais il y a eu sans conteste des sentiments de colère à l'égard des États-Unis. Cependant, je ne connais rien d'aussi grotesque que les deux exemples que je viens de citer, et beaucoup d'autres en Occident.

Au-delà de ces réactions de la population, à votre avis, quelles sont les véritables motivations qui déterminent la politique américaine en ce moment ? Quel est le but de cette « guerre contre la terreur » proposée par Bush ?

La « guerre contre la terreur » n'est pas nouvelle et n'a rien d'une « guerre contre la terreur ». Il faut se rappeler que le gouvernement Reagan est arrivé au pouvoir il y a vingt ans en proclamant que « le terrorisme international » (financé dans le monde entier par l'Union soviétique) est la plus grande menace pesant sur les États-Unis, cible principale de ce terrorisme, ainsi que sur leurs alliés et leurs amis. Nous devons donc nous livrer à une guerre sans merci pour éradiquer ce « cancer », ce « fléau » qui détruit notre civilisation. Les reaganiens ont respecté cet engagement : ils ont, d'une part, organisé des campagnes de terrorisme international énormes et destructrices qui ont même conduit à une condamnation des États-Unis par la Cour internationale de justice ; d'autre part, ils ont prêté main forte à un nombre incalculable d'opérations, par exemple en Afrique australe, où les ravages perpétrés par des Sud-Africains avec le soutien de l'Occident ont fait un million et demi de victimes et causé soixante milliards de dollars de dommages uniquement pendant les années Reagan. L'hystérie provoquée par le terrorisme international a atteint son apogée au milieu des années 1980, alors que les États-Unis et leurs alliés étaient de loin les premiers à répandre ce « cancer » qui devait, à leur demande, être éliminé.

Nous pouvons, si nous le choisissons, nous bercer d'illusions réconfortantes. Ou bien regarder l'histoire récente, les institutions, qui pour la plupart restent inchangées, les projets annoncés – et répondre aux questions à la lumière de ces faits. Je ne vois aucune raison de supposer qu'il y ait eu, en dehors d'ajustements tactiques guidés par les circonstances, un changement soudain dans des motivations ou des objectifs politiques établis depuis longtemps.

Il ne faut pas oublier non plus qu'une des nobles tâches des intellectuels est de proclamer régulièrement, à intervalles de quelques années, que nous avons changé de cap, que le passé est derrière nous, que nous pouvons l'oublier puisque nous marchons vers un avenir glorieux. C'est un credo très pratique, à défaut d'être admirable ou sensé.

Il existe une littérature abondante sur ce thème. Il n'y a donc aucune raison, sauf parti pris, de continuer à ignorer ces faits – qui sont évidemment bien connus des victimes, même si peu d'entre elles sont en mesure de déterminer l'échelle ou la nature de l'attaque de terrorisme international qu'elles endurent.

Les conditions nous permettant d'évaluer les différentes options de manière plus précise, croyez-vous que la plupart des Américains vont accepter la solution qui consiste à répondre aux attaques terroristes contre des civils ici, aux États-Unis, par des attaques terroristes américaines contre des civils à l'étranger ? Pensez-vous d'autre part que la solution au fanatisme soit la surveillance et la restriction des libertés civiques ?

J'espère que non, mais nous ne devons pas sous-estimer la capacité des systèmes de propagande, bien rodés à pousser les gens à des comportements irrationnels, meurtriers voire suicidaires. Prenons un exemple assez lointain pour pouvoir l'étudier sans passion : la Première Guerre mondiale. On ne peut pas dire que les deux parties aient été engagées dans une guerre noble pour défendre les objectifs les plus élevés. Pourtant, des deux côtés, les soldats ont marché d'un pas ardent et enthousiaste vers le carnage mutuel, encouragés par les classes intellectuelles et ceux qu'elles avaient contribué à mobiliser dans l'ensemble du monde politique, de la droite à la gauche, y compris par la force de gauche la plus puissante du monde, celle d'Allemagne. Il y a si peu d'exceptions qu'on peut presque les énumérer, et quelques figures marquantes se sont retrouvées en prison pour avoir remis en question la noblesse de l'entreprise : parmi elles Rosa Luxemburg, Bertrand Russell et Eugene Debs. Grâce aux agences de propagande de Wilson et au soutien fervent des intellectuels libéraux, un pays pacifiste s'est transformé en monstre antigermanique furieux, prêt à se venger de ceux qui avaient perpétré des crimes barbares, la plupart inventés de toutes pièces par le ministère britannique de l'Information. Mais nous pouvons éviter tout cela, et il ne faut pas sous-estimer les effets civilisateurs des luttes populaires de ces dernières années. Rien ne nous oblige à foncer tête baissée vers la catastrophe sous prétexte qu'on nous en donne l'ordre.

VI

Les civilisations en question, à l'Est et à l'Ouest

D'après des entretiens réalisés sur différents
médias européens du 20 au 22 septembre 2001, avec Marili
Margomenou (Grèce) pour Alpha TV Station (Grèce),
Miguel Mora pour *El Pais* (Espagne).

[Note de l'éditeur : beaucoup de ces questions ayant été rédigées par des journalistes dont l'anglais n'est pas la langue maternelle, nous les avons clarifiées, à différents passages, avec chaque fois le souci de bien en préserver la signification.]

Q. Après l'attaque contre les États-Unis, le secrétaire d'État Colin L. Powell a dit que le gouvernement américain réviserait les lois sur le terrorisme, y compris la loi de 1976 qui interdit les assassinats d'étrangers. L'Union européenne est également sur le point d'appliquer de nouvelles lois sur le terrorisme. Comment des ripostes à ces attaques peuvent-elles aboutir à restreindre nos libertés ? Par exemple, le terrorisme donne-t-il le droit au gouvernement de nous placer sous surveillance, sous prétexte de rechercher des suspects et de prévenir de futures attaques ?

CHOMSKY : Comme une réponse trop abstraite risquerait d'être trompeuse, examinons plutôt une illustration actuelle et tout à fait typique de ce que signifient, dans la pratique, les projets destinés à assouplir les contraintes en matière de violence d'État. Ce matin [21 septembre], le *New York Times* a publié un article d'opinion de Michael Walzer, un intellectuel réputé, qui est considéré comme un leader moral. Il appelait à une « campagne idéologique contre tous les arguments et excuses justifiant le terrorisme, afin de les rejeter » ; puisque, comme il le sait bien, il n'existe pas de tels arguments ou excuses relatifs au terrorisme – à celui auquel il pense –, du moins de la part de quiconque est accessible à la raison. Dans la réalité, cet appel équivaut à rejeter toutes tentatives d'explorer les raisons cachées derrière les actes de terrorisme directement dirigés contre les États que lui soutient. Il en vient ensuite, de manière très conventionnelle, à se compter lui-même parmi ceux qui fournissent des « arguments et des excuses pour le terrorisme », ce qui, tacitement, signifie appuyer les assassinats politiques, précisément les assassinats israéliens de Palestiniens dont Israël déclare qu'ils sont des soutiens au terrorisme ; aucune preuve n'est avancée ni considérée comme nécessaire, et dans de nombreux cas, même les doutes apparaissent sans fondement. Et les inévitables « dommages collatéraux » – dont sont victimes femmes, enfants, ou autres personnes

– sont traités comme à l'habitude. Depuis dix mois, les hélicoptères d'attaque fournis par les États-Unis ont commis un certain nombre de ces assassinats.

Walzer met le mot assassinat entre guillemets, montrant par là que, selon lui, ce terme appartient au langage des « versions déformées avec ardeur du blocus de l'Irak et du conflit israélo-palestinien ». Il fait ainsi référence aux critiques contre les atrocités des Israéliens, soutenus par les États-Unis, dans les territoires placés depuis presque trente-cinq ans sous brutale occupation militaire et contre la politique américaine qui a ruiné la société civile en Irak (tout en renforçant Saddam Hussein). Ces critiques-là sont marginales aux États-Unis, mais apparemment, pour lui, il y en a trop. Par « versions déformées », peut-être Walzer a-t-il en tête les références occasionnelles faites à la déclaration de Madeleine Albright, secrétaire d'État, quand on l'avait interrogée sur les chaînes nationales de télévision à propos de l'estimation à un demi million du nombre d'enfants irakiens morts à la suite des sanctions contre leur pays. Elle avait alors reconnu que des conséquences de ce genre étaient le prix d'un « choix difficile » pour son administration, mais avait ajouté : « Nous pensons que cela vaut la peine d'en payer le prix. »

Je mentionne uniquement cet exemple, mais je pourrais facilement en évoquer bien d'autres, afin d'illustrer le sens profond que revêt l'assouplissement des contraintes pour les États. Nous pourrions rappeler aussi que des États violents et meurtriers ont généralement justifié leurs actes au nom du « contre-terrorisme » : par exemple, les nazis combattant une résistance de partisans. Et on trouve généralement des intellectuels pour justifier des actions de ce type.

Il ne s'agit pas d'histoire ancienne. En décembre 1987, quand l'inquiétude face au terrorisme international était au plus haut, l'Assemblée générale des Nations unies a adopté une résolution majeure sur cette question, condamnant ce fléau dans les termes les plus sévères et appelant toutes les nations à agir vigoureusement pour le juguler. La résolution a été adoptée par cent cinquante-trois voix contre deux (États-Unis et Israël), avec une abstention, celle du Honduras. Le passage incriminé déclare que « rien, dans la présente résolution, ne peut, en aucune manière, porter préjudice au droit à l'autodétermination, à la liberté et à l'indépendance, principes qui découlent de la Charte des Nations unies, pour des peuples privés par la force de ces droits [...] particulièrement des peuples soumis à des régimes coloniaux et racistes et à une occupation étrangère, ou à d'autres formes de domination coloniale, ni [...] au droit de ces peuples de lutter pour s'en dégager et de rechercher et d'accepter des soutiens à cet effet (conformément à la Charte et aux autres principes du droit international) ».

Ces droits ne sont pas admis par les États-Unis et Israël ; et ils ne l'ont pas été, à une certaine époque, par leur allié, l'Afrique du Sud. Pour Washington, le Congrès national africain (ANC) était une « organisation terroriste », mais l'Afrique du Sud n'était pas mise dans la même catégorie que Cuba et d'autres en tant que « nations terroristes ». Dans la pratique, l'interprétation du terrorisme selon Washington l'a emporté, bien entendu, avec des conséquences humaines qui ont été lourdes.

Il y a à présent de nombreuses discussions pour parvenir à établir une convention globale contre le terrorisme, et ce n'est pas une mince tâche. La raison, soigneusement éludée dans les rapports, est que les États-Unis n'accepteront rien qui ressemble au passage incriminé de la résolution de 1987, et qu'aucun de leurs alliés ne l'acceptera non plus, même si la définition du terrorisme est conforme à ce que l'on lit officiellement dans le Code américain ou dans les manuels militaires, et qu'un accord ne sera trouvé que si la notion peut être reformulée de façon à exempter le terrorisme des puissants et de leurs clients.

On ne peut pas nier qu'il y ait de nombreux facteurs à considérer si l'on réfléchit au sens de votre question. Mais les témoignages de l'histoire sont d'une extrême importance. À un niveau très général, on ne peut répondre à cette question. Cela dépend des circonstances spécifiques et des projets spécifiques.

En Allemagne, le Bundestag a déjà décidé que des soldats allemands se joindraient aux forces américaines, bien que 80 % du peuple allemand ne soient pas d'accord à ce sujet, selon une enquête de l'institut Forsa, de Berlin. Qu'est-ce que cela vous inspire ?

Pour le moment, les Européens hésitent à se joindre à la croisade de Washington, de peur qu'avec un assaut massif contre des civils innocents les États-Unis n'ouvrent à Ben Laden, ou à d'autres de son acabit, une voie pour rallier à leur cause des gens en colère, désespérés, avec des conséquences qui pourraient être encore plus horribles.

Que pensez-vous des nations qui agissent en tant que « communauté planétaire » pendant une période de guerre ? Ce n'est pas la première fois que chaque pays doit être soit allié avec les États-Unis, soit considéré comme un ennemi, mais à présent l'Afghanistan dit la même chose.

L'administration Bush a immédiatement présenté aux nations du monde un choix simple : vous nous rejoignez, ou bien vous risquez la destruction. [Note de l'éditeur : Chomsky se réfère ici à une citation publiée dans le *New York Times,* 14 septembre 2001. Voir p. 76.]

La « communauté planétaire » s'oppose sévèrement à la terreur, y compris à la terreur massive des États puissants, et aussi aux terribles crimes du 11 septembre. Mais la « communauté planétaire » n'agit pas. Lorsque les États occidentaux et les intellectuels utilisent les termes de « communauté internationale », ils se réfèrent à eux-mêmes. Par exemple, les bombardements de la Serbie par l'OTAN ont été mis en œuvre par la « communauté internationale », selon une rhétorique occidentale constante, même si tous ceux qui ne jouaient pas à l'autruche savaient que la plus grande partie du monde était hostile à ces bombardements, souvent tout à fait ouvertement. Ceux qui ne soutiennent pas les actions des riches et des puissants ne font pas partie de la « communauté planétaire », exactement comme le « terrorisme » signifie par convention « le terrorisme dirigé contre nous et nos amis ».

Il n'est pas tellement surprenant que l'Afghanistan tente d'imiter les États-Unis en appelant les musulmans à le soutenir. L'échelle, néanmoins, est infiniment plus petite. Si isolés soient-ils du monde extérieur, les dirigeants talibans savent sans doute très bien que les États islamiques ne sont pas leurs amis. Ces États ont été, en fait, exposés aux attaques terroristes menées par les forces islamistes radicales qui avaient été organisées et entraînées pour conduire une guerre sainte contre l'URSS vingt ans auparavant et qui ont commencé à exécuter leur propre programme terroriste ailleurs, avec l'assassinat du président égyptien Sadate.

Selon vous, une attaque contre l'Afghanistan est-elle une « guerre contre le terrorisme » ?

Une attaque contre l'Afghanistan tuera probablement un très grand nombre de civils innocents, peut-être même des masses énormes de gens dans un pays où des millions d'hommes sont déjà sur le point de mourir de faim. Le massacre injustifié de civils innocents, c'est du terrorisme, ce n'est pas une guerre contre le terrorisme.

Pouvez-vous imaginer ce qu'aurait été la situation si les attaques terroristes contre les États-Unis s'étaient passées pendant la nuit, si très peu de gens avaient été présents dans le World Trade Center ? En d'autres termes, s'il y avait eu très peu de victimes, le gouvernement américain aurait-il réagi de la même manière ? Jusqu'à quel point est-il influencé par les symboles de ce désastre, par le fait que ce soit le Pentagone et les Twin Towers qui aient été visés ?

Je doute que cela ait fait beaucoup de différence. Le crime aurait été terrible même si le nombre des morts avait été beaucoup moins important. Le Pentagone est davantage qu'un symbole, pour des raisons qui ne nécessitent aucun commentaire. Quant au World Trade Center, nous savons à peine ce que les terroristes avaient en tête lorsqu'ils y ont fait exploser une bombe en 1993 et qu'ils l'ont détruit le 11 septembre. Mais nous pouvons être tout à fait certains que cela avait peu de rapport avec des questions comme la mondialisation, ou l'impérialisme économique, ou les valeurs culturelles, toutes notions parfaitement étrangères à Ben Laden et à ses associés, ou d'autres islamistes radicaux comme ceux qui ont été reconnus coupables des explosions de 1993 Ces questions ne les intéressent pas, bien entendu, tout comme ne les intéressent pas le fait que leurs atrocités, pendant des années, ont été la cause de grandes souffrances dans les populations pauvres et opprimées du monde musulman et d'ailleurs, et le sont de nouveau depuis le 11 septembre.

Parmi les victimes immédiates, on retrouve les Palestiniens qui subissent une occupation militaire, comme les auteurs des attaques le savaient sûrement. Les préoccupations de ces gens sont différentes, et Ben Laden, du moins, a été suffisamment éloquent pour les exprimer au cours de nombreux entretiens : renverser les régimes corrompus et répressifs du monde arabe et les remplacer par des régimes véritablement « islamiques », soutenir les musulmans dans leurs luttes contre les « infidèles » en Arabie Saoudite (pays qu'il considère sous occupation américaine), Tchétchénie, Bosnie, Afrique du Nord, dans l'ouest de la Chine et en Asie du Sud-Est ; peut-être ailleurs.

Les intellectuels occidentaux trouvent commode de parler de « causes plus profondes » comme la haine des valeurs de l'Occident et du progrès. C'est une façon pratique d'éviter les questions sur l'origine du réseau Ben Laden lui-même, et sur les pratiques qui mènent à la colère, à la peur et au désespoir dans toutes ces régions, et qui fournissent un réservoir où des noyaux de terroristes islamistes puisent à l'occasion. Étant donné que les réponses à ces questions sont plutôt claires, et qu'elles sont incompatibles avec les doctrines qu'ils préfèrent, il vaut mieux pour eux écarter les questions comme « superficielles » et « insignifiantes », et se pencher sur des « causes plus profondes », qui sont en réalité plus superficielles, même si elles ont une certaine pertinence.

Ce qui se passe à présent, devrions-nous l'appeler une « guerre » ?

Il n'y a pas de définition précise au mot « guerre ». Les gens parlent de « guerre contre la pauvreté », « guerre contre la drogue », etc. Ce qui est en train de prendre forme n'est pas un conflit entre des États, même si cela peut le devenir.

Pouvons-nous parler d'un choc entre deux civilisations ?

Il est de bon ton de parler ainsi, mais cela n'a pas beaucoup de sens. Et si nous revenions sur quelques épisodes bien connus ? L'État islamique le plus peuplé est l'Indonésie, un pays qu'adorent les États-Unis depuis que Suharto y a pris le pouvoir en 1965, tandis que des massacres perpétrés par l'armée faisaient des centaines de milliers de victimes, pour la plupart des paysans sans terre, avec l'aide des États-Unis et dans l'enthousiasme de l'Occident – ce qui est rétrospectivement tellement gênant que, en réalité, on l'a effacé de toutes les mémoires. Suharto est resté « notre ami » comme l'administration Clinton l'appelait, alors qu'il a composé l'un des tableaux les plus abominables de la fin du XXe siècle, avec meurtres, tortures et autres exactions. L'État islamique le plus extrême et le plus fondamentaliste, en dehors des talibans, est l'Arabie Saoudite, client des États-Unis depuis sa création. Dans les années 1980, les États-Unis, en collaboration avec les services de renseignements du Pakistan (aidés par l'Arabie Saoudite, la Grande-Bretagne, et d'autres) ont recruté, armé et entraîné les fondamentalistes islamistes les plus extrêmes qu'ils avaient pu trouver, dans le but de causer le maximum de dégâts chez les Soviétiques en Afghanistan. Comme l'observe Simon Jenkins dans le *Times* de Londres, leurs efforts ont abouti à « détruire un régime modéré et à en créer un fanatique, à partir de groupes financés sans compter par les Américains » (la plupart des fonds provenaient sans doute d'Arabie Saoudite). L'un de ces bénéficiaires indirects était Oussama Ben Laden.

Également dans les années 1980, les États-Unis et le Royaume-Uni ont apporté un soutien de poids à leur ami et allié Saddam Hussein – plus sécularisé, on ne peut le nier, mais sur le même bord islamique du « choc » –, précisément durant les années où il a accompli ses pires atrocités, en particulier le gazage des Kurdes, et encore après.

Également dans les années 1980, les Américains ont mené une guerre importante en Amérique centrale, qui a laissé derrière elle quelque deux cent mille corps torturés et mutilés, des millions d'orphelins et de réfugiés, et quatre pays dévastés. La cible principale de l'attaque américaine était l'Église catholique, qui avait commis le péché mortel de prendre « le parti des pauvres ».

Au début des années 1990, principalement pour des raisons cyniques de pouvoir, les États-Unis ont choisi les musulmans bosniaques pour clients privilégiés dans les Balkans, sûrement pas à l'avantage de ces derniers.

Sans poursuivre cette énumération, nous retrouverions absolument partout une opposition entre « civilisations ». Allons-nous pour autant en conclure qu'il y aurait un « choc des civilisations » avec d'un côté l'Église catholique d'Amérique latine, et de l'autre les États-Unis et le monde musulman, dans lequel entreraient les éléments religieux les plus fanatiques et les plus criminels ? Il est évident que je ne crois absolument pas en une absurdité pareille. Mais sur la base d'arguments rationnels, que devrions-nous alors conclure ?

Pensez-vous que nous employons le mot « civilisation » à bon escient ? Est-ce qu'un monde réellement civilisé nous entraînerait à une guerre planétaire comme celle-ci ?

Aucune société civilisée ne devrait tolérer tout ce que j'ai évoqué – et ce ne sont que de minces échantillons dans l'histoire des États-Unis, l'histoire de l'Europe étant encore pire. En tout cas, aucun « monde civilisé » ne plongerait notre planète dans une guerre majeure au lieu d'adopter les méthodes préconisées par le droit international, qui nous offre sur ces questions une jurisprudence étoffée.

On a qualifié les attaques du 11 septembre d'actes de haine. D'où pensez-vous que provient cette haine ?

La haine est exactement ce qu'expriment les islamistes radicaux mobilisés par la CIA et ses associés. Les États-Unis étaient heureux d'appuyer cette haine et cette violence lorsqu'elles étaient directement dirigées contre les ennemis des Américains ; ils ne sont pas contents lorsque cette haine qu'ils ont contribué à nourrir est dirigée directement contre les Américains et leurs alliés, ce qui s'est produit, de manière répétée, depuis vingt ans. Pour les populations de toutes ces régions, qui constituent une catégorie bien distincte, les raisons de ces sentiments n'ont rien d'obscur. Leurs origines sont également parfaitement connues.

Selon vous, que devraient faire les citoyens du monde occidental pour aider à un retour à la paix ?

Cela dépend de ce que veulent ces citoyens. S'ils veulent une escalade du cycle de la violence, selon des schémas connus, ils doivent sans aucun doute appeler à ce que les États-Unis tombent dans le « piège diabolique » tendu par Ben Laden et massacrent des civils innocents. S'ils veulent faire baisser le niveau de violence, ils doivent peser de tout leur poids pour pousser les grandes puissances dans une voie totalement différente, celle que j'ai déjà indiquée et qui, je le répète, est riche de précédents. Cette démarche implique la volonté d'examiner ce qui se cache derrière les atrocités. On entend très souvent dire qu'il ne faut pas débattre de ces questions parce que ce serait justifier le terrorisme, une position tellement folle et destructrice qu'elle ne devrait susciter aucun commentaire. Mais elle est malheureusement tout à fait courante. Pourtant, si nous ne souhaitons pas contribuer à favoriser le cycle de la violence, qui prend également pour cibles les riches et les puissants, c'est précisément ce que nous devons faire, comme dans bien d'autres situations, tout à fait connues en Espagne. [Note de l'éditeur : Chomsky est interrogé par un journaliste espagnol, ce qui explique sa référence à l'Espagne.]

Les États-Unis ont-ils « cherché » ces attaques ? Sont-elles des conséquences de la politique américaine ?

Ces attaques ne sont pas des conséquences de la politique américaine dans un sens direct. Mais indirectement, bien sûr qu'elles le sont, il n'y a pas là sujet à controverse. Il semble peu douteux que leurs auteurs proviennent du réseau terroriste, dont les racines plongent dans les armées mercenaires organisées, entraînées et armées par la CIA, l'Égypte, le Pakistan, les services secrets français, les fonds saoudiens, et autres. L'arrière-plan de tout cela reste pour le moins trouble. L'organisation de ces forces armées a commencé en 1979, du moins si l'on en croit Zbigniew Brzezinski, conseiller à la sécurité nationale du président Carter. Il prétend, mais peut-être ne s'agit-il là que de vantardises, que vers le milieu de l'année 1979, c'est à son instigation que des appuis secrets ont été apportés aux moudjahidine qui se battaient contre le gouvernement de l'Afghanistan, en une tentative pour attirer les Russes dans ce qu'il a appelé le « piège afghan », expression qui vaut la peine d'être gardée en mémoire. Brzezinski se montre très fier de ce que les Russes, effectivement, sont tombés dans ce piège, puisqu'ils ont envoyé des forces militaires pour appuyer le gouvernement, six mois plus tard, avec les conséquences que l'on connaît. Avec leurs alliés, les États-Unis ont constitué une gigantesque armée de mercenaires, peut-être de cent mille hommes ou plus, qu'ils ont recrutés dans les secteurs les plus militants possible ; il se trouve que c'étaient des islamistes radicaux – nous les nommons ici des fondamentalistes – et ces hommes venaient de partout, la plupart n'étant pas originaires d'Afghanistan. On les a appelés des « Afghans », mais comme Ben Laden, beaucoup d'entre eux venaient d'autres pays.

Ben Laden a rejoint ces forces au cours des années 1980. Il s'est impliqué dans les réseaux financiers, qui existent probablement encore. Une guerre sainte a été menée contre les occupants russes. Des actes de terrorisme ont été commis sur le territoire russe. La guerre a été gagnée et les envahisseurs russes chassés. La guerre n'a pas été la seule activité de ces forces. En 1981, des éléments qui s'appuyaient sur ces mêmes groupes ont assassiné le président égyptien Sadate, lequel avait joué un rôle déterminant dans leur mise en place. En 1983, un attentat suicide, peut-être en relation avec ces mêmes forces, a été un facteur décisif pour que les Américains quittent le Liban. Et l'on pourrait continuer.

En 1989, ces forces ont été victorieuses dans leur guerre sainte en Afghanistan. Sitôt que les Américains ont établi une présence militaire permanente en Arabie Saoudite, Ben Laden et ses associés ont annoncé que, de leur point de vue, celle-ci était comparable à l'occupation russe en Afghanistan et ils ont retourné leurs fusils contre les Américains, ce qui s'était déjà produit en 1983, lorsque les États-Unis étaient présents militairement au Liban. L'Arabie Saoudite est le principal ennemi du réseau Ben Laden, tout comme l'Égypte. Voilà ce que Ben Laden et ses partisans veulent renverser, ce qu'ils appellent des gouvernements non islamiques en Égypte, Arabie Saoudite, dans d'autres États du Moyen-Orient, en Afrique du Nord. Et l'on pourrait continuer.

En 1997, ils ont assassiné sauvagement soixante touristes en Égypte, portant ainsi un coup désastreux à l'industrie locale du tourisme. Et ils ont poursuivi leurs activités dans toutes ces régions, en Afrique du Nord, en Afrique orientale, au Moyen-Orient, dans les Balkans, en Asie centrale, dans l'ouest de la Chine, en Asie du Sud-Est, aux États-Unis, depuis des années. Ces groupes sont bien une conséquence des guerres de la fin des années 1980, et si l'on écoute Brzezinski, ils remontent même au moment où a été mis au point le « piège afghan ». En outre, ce qui est de notoriété publique chez ceux qui prêtent attention aux problèmes de ces régions, les terroristes recrutent dans un vivier de désespoir, de colère et de frustrations qui rassemble des riches et des pauvres, des laïcs et des islamistes radicaux. Que tout cela prenne racine dans la politique américaine, et pas pour une faible part, est évident, clairement exprimé pour ceux qui ont envie d'entendre.

Vous avez dit que les principaux praticiens du terrorisme sont des pays comme les États-Unis, qui utilisent la violence pour des raisons politiques. Quand et où ?

Je trouve cette question plutôt étonnante. Comme je l'ai déjà dit ailleurs, les États-Unis sont, après tout, le seul pays à avoir été condamné par la Cour internationale de justice pour terrorisme international – pour « usage illégal de la force » à des fins politiques, comme la Cour l'a établi – laquelle a ordonné aux États-Unis d'en finir avec ces crimes et de verser des dédommagements substantiels. Bien entendu, les États-Unis ont écarté avec mépris le jugement de la Cour et ont réagi en intensifiant leur guerre terroriste contre le Nicaragua ; ils ont opposé leur veto à la résolution du Conseil de sécurité qui appelait tous les pays à respecter les règles du droit international (et ils ont été les seuls à voter, avec Israël, et dans un cas avec le Salvador, contre d'autres résolutions semblables de l'Assemblée générale). La guerre terroriste s'est étendue conformément à la politique officielle qui préconisait l'attaque de « cibles faibles » – des cibles de civils qui ne pouvaient se défendre, comme des coopératives paysannes ou des cliniques – plutôt que des engagements directs contre l'armée du Nicaragua. Les terroristes étaient en mesure d'appliquer ces instructions, grâce au contrôle de l'espace aérien du Nicaragua par les États-Unis et à leurs équipements de communication sophistiqués, fournis par leurs protecteurs.

Il faudrait aussi reconnaître que ces actions terroristes ont été largement approuvées. Un commentateur important, Michael Kinsley, qui se situe à la frange la plus libérale du courant dominant, a soutenu que nous ne devrions pas écarter trop simplement les arguments que le département d'État avance pour justifier les attaques terroristes sur des « cibles faibles » : une « politique sensée » doit « satisfaire au test de l'analyse des coûts et rendements », écrivait-il. Cette analyse évaluera d'un côté « le montant du sang et de la misère qui augmentera en masse et, d'un autre côté, la probabilité que la démocratie en sorte finalement » – « la démocratie » telle que l'interprètent les États-Unis, illustrée tout à fait clairement dans la région. Il va de soi que les élites américaines ont le droit de mener l'analyse et de poursuivre leurs projets si les tests sont réussis.

De manière encore plus dramatique, l'idée que le Nicaragua devrait avoir le droit de se défendre était considérée comme scandaleuse par l'ensemble du spectre politique classique des États-Unis. Les Américains ont fait pression sur leurs alliés pour qu'ils cessent de fournir des armes au Nicaragua, espérant que la Russie prendrait le relais, ce qu'elle a fait ; et c'était parfait pour les images de propagande. L'administration Reagan a laissé planer à différentes reprises des rumeurs selon lesquelles le Nicaragua recevait de la Russie des avions de combat – pour défendre son espace aérien, comme chacun le savait, et pour se protéger d'attaques terroristes américaines contre des « cibles faibles ». Les rumeurs étaient fausses, mais les réactions ont été instructives. Les « colombes » ont mis en doute ces rumeurs, mais ont ajouté que, si elles se révélaient exactes, bien sûr, nous devrions alors bombarder le Nicaragua, parce que ce pays deviendrait une menace pour notre sécurité. Les recherches sur les bases de données montrent que l'on trouverait à peine mention du droit qu'avait le Nicaragua de se défendre. Voilà qui nous apprend beaucoup sur une « culture du terrorisme » profondément ancrée, dominante dans la civilisation occidentale.

Il ne s'agit nullement là de l'exemple le plus extrême. J'en ai fait mention parce qu'il ne porte pas à controverse, qu'il a fait l'objet d'une décision de la Cour internationale, et parce que les efforts infructueux du Nicaragua pour adopter des moyens légaux, au lieu de lancer des bombes sur Washington, nous offrent un modèle aujourd'hui, même si ce n'est pas le seul. Le Nicaragua n'était qu'une des cibles des guerres terroristes de Washington en Amérique centrale durant cette terrible décennie, qui a provoqué des centaines de milliers de morts et laissé quatre pays en ruine.

Pendant ces mêmes années, les États-Unis ont pratiqué le terrorisme à grande échelle ailleurs, y compris au Moyen-Orient. Je citerai l'exemple du camion bourré d'explosifs à Beyrouth en 1985. Stationné à l'extérieur d'une mosquée, programmé pour tuer le plus grand nombre possible de civils, il a fait quatre-vingts morts et deux cent cinquante blessés. L'attentat était dirigé contre un cheikh musulman qui en a réchappé. Et les Américains ont soutenu une terreur pire encore : par exemple, l'invasion du Liban par Israël qui a tué quelque dix-huit mille civils libanais et palestiniens, et qui n'était pas une opération d'autodéfense, comme cela a été avoué immédiatement ; et les horreurs perpétrées haineusement par la « main de fer » durant les années suivantes, sur des « villageois terroristes », selon la terminologie d'Israël. Et les invasions qui ont suivi, en 1993 et en 1996, toutes les deux avec le ferme appui des États-Unis (jusqu'aux réactions internationales après le massacre de Qana en 1996, qui ont obligé Clinton à reculer). Le bilan des victimes après 1982 pour le seul Liban est probablement de vingt mille civils.

Dans les années 1990, les États-Unis ont fourni à la Turquie 80 % des armes utilisées pour sa contre-offensive sur les Kurdes, dans le sud-est du pays : des dizaines de milliers de personnes ont été tuées, deux à trois millions ont dû quitter leurs maisons, trois mille cinq cents villages ont été détruits (sept fois plus qu'au Kosovo, sous les bombardements de l'OTAN), toutes les atrocités possibles ont été commises. La quantité d'armes a augmenté brusquement en 1984 alors que la Turquie lançait ses attaques terroristes et elle n'a recommencé à descendre à son niveau précédent qu'en 1999, une fois que ses buts hideux étaient atteints. En 1999, la Turquie a perdu sa position de meilleur client des marchands d'armes américains (en laissant de côté Israël et l'Égypte), et a été remplacée par la Colombie, pays qui a porté les plus graves atteintes aux droits de l'homme dans cette partie du monde, durant les années 1990, et destinataire de loin le plus important pour les armes et la formation militaire américaines, suivant en cela un schéma cohérent.

Au Timor-Oriental, les États-Unis (et la Grande-Bretagne) ont continué à apporter leur soutien aux agresseurs indonésiens, qui avaient déjà éliminé environ un tiers de la population par leur aide décisive. Ce soutien s'est poursuivi jusqu'aux massacres de 1999, avec des milliers de morts avant même les batailles du début de septembre qui ont chassé de chez eux 85 % des habitants et détruit 70 % du pays – cependant que l'administration Clinton s'en tenait à la position suivante : « Il s'agit de la responsabilité du gouvernement de l'Indonésie ; nous ne voulons pas lui enlever cette responsabilité. »

Cela se passait le 8 septembre 1999, alors que les pires horreurs commises étaient connues. À ce moment-là Clinton a subi d'énormes pressions, principalement d'Australie mais aussi des Américains, pour faire quelque chose et arrêter ces massacres. Quelques jours plus tard, l'administration Clinton signifiait aux généraux indonésiens que la partie était terminée. Ils ont fait immédiatement machine arrière. Ils avaient pourtant répété avec insistance qu'ils ne se retireraient jamais du Timor-Oriental et qu'en fait ils constituaient une défense du Timor occidental indonésien (en utilisant des avions anglais que la Grande-Bretagne continuait à leur livrer) pour repousser une éventuelle force d'intervention. Un mot de Clinton et ils ont changé de cap, annoncé qu'ils se retiraient et qu'ils autorisaient les forces de maintien de la paix des Nations unies, dirigées par des Australiens, à entrer au Timor, sans que l'armée s'y oppose. Le tour pris par les événements révèle de manière frappante le pouvoir caché dont disposait toujours Washington et qui aurait pu être utilisé pour empêcher vingt-cinq ans de quasi-génocide, culminant dans la nouvelle vague de violences des débuts de 1999. Au lieu de quoi, les administrations américaines successives, rejointes par les Britanniques et d'autres, en 1978, au plus fort de la terreur, ont préféré apporter aux tueurs une aide décisive, militaire et diplomatique. « Notre ami », comme disait l'administration Clinton à propos du président criminel Suharto. Ces faits, clairs et dramatiques, indiquent sans ambages l'origine première de ces vingt-cinq années de crimes terribles – qui se poursuivent, en réalité, dans de misérables camps de réfugiés au Timor occidental indonésien.

Nous en apprenons aussi beaucoup sur la civilisation occidentale quand ces antécédents honteux sont salués comme une preuve de notre nouvel attachement aux « interventions humanitaires » et comme une justification aux bombardements de l'OTAN sur la Serbie.

J'ai déjà évoqué les ravages dans la société civile irakienne, avec environ un million de morts, parmi lesquels plus de la moitié de jeunes enfants, selon des sources que l'on ne peut purement et simplement ignorer.

Et il ne s'agit que d'un petit échantillon.

Je suis franchement étonné que la question puisse seulement être soulevée – en particulier en France, qui a apporté sa propre contribution à une terreur et à une violence d'État massives, qui ne vous sont sans doute pas inconnues. [Note de l'éditeur : Chomsky est interrogé par une journaliste française, ce qui explique sa référence à la France.]

Les réactions sont-elles unanimes aux États-Unis ? Les partagez-vous, en partie ou complètement ?

Si vous voulez parler de l'indignation qui s'est manifestée à la suite de ces attaques horribles et criminelles, et de la sympathie pour les victimes, alors oui, les réactions ont été pratiquement unanimes partout, y compris dans les pays musulmans. Bien entendu, toute personne saine d'esprit les partage complètement, et non « en partie ». Si vous vous référez à l'appel à se lancer dans un assaut meurtrier qui tuera sûrement de nombreux innocents – et, incidemment, qui répondra aux prières les plus ferventes de Ben Laden – alors, non, il n'y a pas de « réactions unanimes » à ce sujet, malgré l'impression superficielle que l'on pourrait avoir en regardant la télévision. Quant à moi, je me joins à tous ceux, très nombreux, qui s'opposent à ce genre d'actions. Ils sont vraiment très nombreux.

Le sentiment majoritaire, quel est-il ? Personne ne peut véritablement le dire, parce qu'il est trop complexe, trop diffus. « Unanimité ? » Non, sûrement pas, sauf en ce qui concerne la nature du crime.

Condamnez-vous le terrorisme ? Comment pouvons-nous trancher à propos d'un acte, et dire que celui-ci est un acte de terrorisme et que celui-là est un acte de résistance contre un tyran ou contre des forces d'occupation ? Dans quelle catégorie rangez-vous les dernières attaques contre les États-Unis ?

J'entends le terme de « terrorisme » exactement dans le sens défini sur les documents officiels américains : « L'utilisation calculée de la violence ou de la menace de la violence pour atteindre des buts de nature politique, religieuse ou idéologique. Ces actions peuvent être menées au moyen de l'intimidation, de la coercition, ou en insufflant de la peur. » Conformément à cette définition – tout à fait appropriée –, les récentes attaques contre les États-Unis constituent sans aucun doute un acte de terrorisme ; et même, un crime terroriste épouvantable. Il n'y a pratiquement aucun désaccord là-dessus dans le monde entier, ou du moins, il ne devrait pas y en avoir.

Cependant, à côté du sens littéral de ce terme, tel que je viens de le citer à partir de documents officiels américains, il en existe aussi un autre, à des fins de propagande, qui, malheureusement, est classique : on utilise le terme de « terrorisme » pour parler des actes commis par des ennemis contre nous ou contre nos alliés. Ces fins de propagande sont quasi universelles. Chacun « condamne le terrorisme » dans ce sens-là. Même les nazis ont sévèrement condamné le terrorisme et ils ont conduit des opérations qu'ils ont appelées « contre-terroristes » contre les partisans terroristes.

Les États-Unis sont fondamentalement d'accord là-dessus. Ils ont organisé et mené des actions du même genre, du « contre-terrorisme » en Grèce et ailleurs durant les années qui ont suivi la Seconde Guerre mondiale. [Note de l'éditeur : la journaliste qui interroge Chomsky est grecque, d'où cette référence ici à la Grèce.]

En outre les programmes « contre-insurrectionnels » américains sortent tout à fait explicitement du modèle nazi, traité avec déférence. Des officiers de la Wehrmacht ont été consultés et leurs manuels ont été utilisés lorsque les programmes contre-insurrectionnels de l'après-guerre ont été conçus pour le monde entier. On a appelé ces plans, ce qui est tout à fait significatif, du « contre-terrorisme ». Michael McClintock a, en particulier, étudiés ces questions et elles sont l'objet d'une œuvre importante. Étant donné les usages conventionnels de ces termes, exactement les mêmes personnes – et les mêmes actions – peuvent rapidement être cataloguées comme « terroristes » puis tout aussi vite devenir des « combattants de la liberté », et inversement. C'est ce qui s'est passé aux portes mêmes de la Grèce ces dernières années.

L'UCK, l'Armée de libération du Kosovo, avait été officiellement condamnée par les Américains comme une armée de « terroristes » en 1998, en raison de ses attaques contre des policiers et des civils Serbes, qui se voulaient des tentatives pour provoquer une réaction brutale et disproportionnée de la part des Serbes, comme l'UCK l'a ouvertement déclaré. Jusqu'en janvier 1999, les Britanniques – les faucons de l'OTAN – estimaient que l'UCK était responsable de davantage de morts que la Serbie, ce qui est difficile à croire, mais qui du moins nous renseigne sur la manière dont l'OTAN, à un haut niveau, analyse la situation. Si l'on se fie à la documentation volumineuse du département d'État, de l'OTAN, de l'Organisation pour la sécurité et la coopération en Europe (OSCE) et autres sources occidentales, il n'y avait eu aucun changement tangible sur le terrain avant le retrait des responsables de la mission de vérification au Kosovo et les bombardements de la fin mars 1999. Mais les politiques avaient changé : les États-Unis et le Royaume-Uni avaient décidé de lancer une attaque contre la Serbie, et les « terroristes », instantanément, étaient devenus des « combattants de la liberté ». Après la guerre, ces « combattants de la liberté » et leurs proches alliés sont redevenus des « terroristes », des « voyous » et des « criminels », alors que, de leur point de vue, ils menaient le même type d'actions, pour des raisons semblables, en Macédoine – alliée des États-Unis.

Chacun condamne le terrorisme, mais nous devons nous interroger sur ce que recouvre cette notion. Quant à mes propres conceptions, vous pouvez en prendre connaissance dans les nombreux articles et ouvrages que j'ai rédigés sur le terrorisme depuis plusieurs décennies, même si j'emploie le terme dans son sens littéral, et que je condamne par conséquent toutes les actions terroristes, et pas seulement celles qui sont appelées « terroristes » pour des raisons de propagande.

L'Islam représente-t-il un danger pour la civilisation occidentale ? Le mode de vie occidental constitue-t-il une menace pour l'humanité ?

La question est trop vaste et trop vague pour que je puisse y répondre. Il devrait être clair, cependant, que les États-Unis ne considèrent pas l'Islam comme un ennemi, et réciproquement.

Pour ce qui est du « mode de vie occidental », cette expression recouvre une très grande diversité d'éléments. Certains, tout à fait admirables ; beau coup, adoptés avec enthousiasme dans le monde islamique ; beaucoup d'autres, criminels et certains sont même une menace pour la survie de l'espèce humaine.

Quant à la « civilisation occidentale », peut-être devrions-nous être attentifs à ces mots attribués à Gandhi lorsqu'on l'avait interrogé sur cette « civilisation occidentale » : il avait dit qu'il se pourrait bien qu'elle soit une bonne idée.

VII

Après les bombes ?

D'après des entretiens avec Michael Albert
le 30 septembre 2001
et Greg Ruggiero le 5 octobre 2001.

Q : On a assisté à d'immenses mouvements de troupes et un recours prononcé à la rhétorique militaire. Au point qu'il a été question de mettre fin à des gouvernements, etc. Pourtant, aujourd'hui, la réaction semble très mesurée. Que s'est-il passé ?

CHOMSKY : Dès les premiers jours de l'attaque, l'administration Bush a été prévenue par les chefs de l'OTAN, spécialistes de cette région [de l'Asie centrale], et sans doute par ses propres agences de renseignements (sans parler des gens comme vous et moi) que si les États-Unis répliquaient par une attaque massive qui tuerait de nombreux innocents, ils combleraient les vœux les plus chers de Ben Laden et de ses semblables. L'avertissement reste valable – peut-être encore plus, d'ailleurs – s'ils en viennent à tuer Ben Laden lui-même sans avoir fourni auparavant des preuves crédibles de son implication dans les crimes du 11 septembre. Il passerait alors pour un martyr aux yeux de l'immense majorité des musulmans, qui déplore ces crimes. S'il est réduit au silence par la mort ou l'emprisonnement, sa voix continuera à résonner sur les dizaines de milliers de cassettes qui circulent déjà dans tout le monde musulman, et à travers les nombreuses interviews qu'il a données jusqu'en septembre. Une offensive qui tuerait des Afghans innocents risquerait de rallier de nouveaux volontaires à la cause horrible du réseau Ben Laden et des autres forces terroristes mises en place par la CIA et ses associés il y a vingt ans pour mener une guerre sainte contre les Russes, et qui continuent par ailleurs à suivre leur propre programme.

Il semble que le message ait finalement atteint l'administration Bush, qui a – sagement, de son point de vue – choisi un autre plan d'action.

Cependant, qualifier cette réaction de « mesurée » me paraît contestable. Le 16 septembre, un correspondant du *New York Times* a rapporté que « Washington a aussi demandé [au Pakistan] de cesser les approvisionnements en carburant [...] et de supprimer les convois de camions qui apportent une grande partie de la nourriture et d'autres marchandises aux civils afghans ». Ce qui est frappant, c'est que cet article n'a suscité aucune réaction perceptible en Occident, et cela nous rappelle de manière sinistre la vraie nature de cette civilisation occidentale dont les chefs et les élites intellectuelles réclament la défense. Les jours suivants, ces demandes ont été exécutées. Le 27 septembre, le même correspondant a rapporté que des représentants officiels du Pakistan « ont déclaré [ce jour-même] qu'ils ne reviendraient pas sur leur décision – prise en réponse à la demande de l'administration Bush – de fermer la frontière de deux mille trois cents kilomètres qu'ils partagent avec l'Afghanistan parce que, ont-ils précisé, ils voulaient s'assurer qu'aucun des hommes de M. Ben Laden ne se cachait dans le flot gigantesque des réfugiés ». (John Burns, Islamabad.) « La menace de frappes militaires a contraint les membres des organisations humanitaires internationales à évacuer la zone, ce qui paralyse les programmes d'assistance » ; les réfugiés qui arrivent d'Afghanistan au Pakistan « après un voyage très pénible, décrivent les scènes de désespoir et de terreur qui ont éclaté chez eux au fur et à mesure que la menace d'une offensive militaire des États-Unis transformait leur misère prolongée en catastrophe potentielle ». (Douglas Frantz, *New York Times*, 30 septembre.) « Le pays était sous perfusion, et nous venons d'arracher le goutte-à-goutte », a déclaré un volontaire d'une organisation humanitaire après son évacuation. (John Sifton, *New York Times Magazine*, 30 septembre.)

D'après le plus grand journal du monde, donc, Washington a tout de suite agi pour faire mourir et souffrir à coup sûr un nombre considérable d'Afghans qui étaient déjà, pour des millions d'entre eux, au bord de la famine. Voilà le sens des mots cités précédemment, qui font écho à beaucoup d'autres.

Un nombre considérable de malheureux ont fui vers les frontières, terrorisés par les horreurs à venir, Washington menaçant, d'une part, de bombarder les dernières parcelles de subsistance en Afghanistan et, d'autre part, de transformer l'Alliance du Nord en force militaire puissamment armée. Ils craignent bien sûr que cette force libérée et dotée d'une puissance d'action accrue reproduise les atrocités qui ont déchiré le pays et conduit la population à accueillir les talibans, car seuls les talibans étaient parvenus à chasser ces factions armées meurtrières que Washington et Moscou cherchent maintenant à exploiter pour leurs propres intérêts.

Le bilan de cette période est épouvantable. Joost Hiltermann, responsable de la section armement de l'organisation humanitaire Human Rights Watch [HRW], spécialiste du Moyen-Orient, a qualifié les années pendant lesquelles ces factions armées ont été au pouvoir (de 1992 à 1995) de « pire période de l'histoire afghane ». Les groupes de défense des droits de l'homme ont rapporté que les membres de ces factions avaient tué des dizaines de milliers de civils, commis des viols et bien d'autres atrocités, et qu'ils avaient poursuivi leurs exactions lorsqu'ils avaient été chassés par les talibans. Prenons un exemple : en 1997, ils ont assassiné trois mille prisonniers de guerre, d'après HRW, se sont livrés à un nettoyage ethnique de grande envergure dans les zones supposées favorables aux talibans, laissant derrière eux un sillage de villages carbonisés (voir, entre autres, Charles Sennott, *Boston Globe*, 6 octobre).

Nous avons également toutes les raisons de supposer que la terreur imposée par les talibans, déjà intolérable, a redoublé d'intensité sous l'effet des craintes qui ont poussé les réfugiés à fuir.

Devant les frontières bloquées, les réfugiés sont condamnés à mourir en silence. Seuls quelques-uns d'entre eux parviennent à s'échapper en passant par des cols isolés. Il est impossible de dire combien ont déjà succombé. Dans quelques semaines, les froids rigoureux de l'hiver seront là. Quelques reporters et volontaires de l'aide humanitaire se trouvent dans les camps de réfugiés, de l'autre côté de la frontière. Ce qu'ils décrivent est déjà horrible, mais ils savent, et nous savons, que ceux qu'ils voient sont les plus chanceux, les rares à avoir réussi à s'échapper – et ces réfugiés-là espèrent que « même les cruels Américains ressentiront un peu de pitié pour [leur] pays ravagé » et mettront fin à ce génocide muet. (*Boston Globe*, 27 septembre.)

Le Programme alimentaire mondial (PAM) des Nations unies a convoyé des centaines de tonnes de nourriture vers l'Afghanistan début octobre, estimant cependant que cela ne couvrirait pas plus de 15 % des besoins du pays, besoins qui se sont accrus avec le retrait des équipes internationales et l'interruption de trois semaines des livraisons provoqués par les attentats du 11 septembre. Le PAM a toutefois annoncé qu'il devait interrompre tous les convois et toutes les distributions de nourriture organisés par ses équipes locales à cause des frappes aériennes du 7 octobre. « Le scénario cauchemardesque, où l'on voit un million et demi de réfugiés quitter en masse le pays, risque de plus en plus de se réaliser après les attaques », a déclaré l'AFP, citant des représentants de l'aide humanitaire. Un des dirigeants du PAM a affirmé qu'après les bombardements la menace d'une catastrophe humanitaire, déjà très forte, avait « atteint un degré qu'on n'ose même pas imaginer ». « Nous sommes confrontés à une crise humanitaire d'une envergure colossale, sept millions et demi d'Afghans se trouvant à court de nourriture et au bord de la famine », a signalé un porte-parole du Haut-Commissariat des Nations unies pour les réfugiés (HCR). Toutes les organisations considèrent le largage de rations alimentaires comme le dernier recours et préfèrent de loin la livraison par camion, qu'il serait possible d'après elles de réaliser à peu près dans tout le pays. Le *Financial Times* affirme que les dirigeants des ONG ont émis des critiques « acerbes » et « dédaigneuses » sur tout le battage fait autour des largages américains, qualifiés de « coup de propagande, et non (de) méthode efficace pour acheminer jusqu'aux Afghans l'aide dont ils ont désespérément besoin », ou encore d'« outil » qui « exploite l'aide humanitaire pour effectuer une propagande cynique » alors que les frappes aériennes ont « interrompu les seuls moyens d'acheminement de grandes quantités de nourriture aux Afghans, à savoir les camions » du PAM. (Extraits de « Inquiétude de l'ONU devant l'interruption de l'aide humanitaire causée par les frappes aériennes », « Les volontaires des organisations humanitaires contre le largage simultané de rations et de bombes », *Financial Times,* 9 octobre, rapportant les propos de membres d'Oxfam, Médecins sans frontières, Christian Aid, Save the Children Fund et de représentants des Nations unies.) Les ONG ont « critiqué de manière très virulente les largages nocturnes américains ». « Autant larguer des prospectus », a commenté un volontaire anglais à propos des messages de propagande imprimés sur les paquets. Les responsables du PAM ont déclaré qu'il faudrait d'une part « effectuer ces largages de jour » en prévenant suffisamment à l'avance la population et, d'autre part, placer « des volontaires au sol pour rassembler la nourriture (larguée par avion) » et la distribuer. (« Scepticisme croissant sur les largages de rations alimentaires américains », *Financial Times*, 10 octobre.)

Si ces réactions sont véridiques, alors les bombardements associés au largage de rations alimentaires ont entraîné la diminution immédiate et significative de l'apport de nourriture à la population affamée, pour l'instant du moins, et permis ainsi au « scénario cauchemardesque » de gagner encore du terrain. Il reste à espérer que cette torture s'arrêtera avant la concrétisation des pires pronostics et que l'interruption de cet apport vital de nourriture sera de courte durée.

On peut difficilement rester optimiste à la vue de certaines informations. Par exemple, un article du *New York Times* – ne figurant pas à la une du journal – explique froidement que, « d'après les calculs de l'ONU, il sera bientôt urgent pour les sept millions et demi d'Afghans de trouver ne serait-ce qu'un quignon de pain... or, sous les bombardements », l'acheminement des vivres par camion (seule aide efficace) a baissé environ de moitié alors que dans quelques semaines l'hiver rigoureux réduira encore la quantité de nourriture distribuée. (Barry Bearak, 15 octobre.) On ne donne pas la suite des calculs, mais le compte est facile. Quels que soient les événements à venir, le fait que tout cela ne semble être qu'une hypothèse banale de technocrates se passe de commentaires.

Pourtant, il faut bien se rappeler que dès les premiers jours qui ont suivi les attentats du 11 septembre, rien n'a empêché les largages massifs de rations alimentaires à destination de gens prisonniers d'un pays soumis une fois de plus à une torture cruelle ; rien apparemment n'a empêché non plus l'acheminement par camion de quantités de vivres encore plus importantes, comme l'ONU s'est évertuée à le faire avant les frappes.

D'ores et déjà, quelle que soit la politique adoptée, la catastrophe humanitaire est en route, et elle risque d'empirer. La description la plus pertinente de la situation a sans doute été donnée par la merveilleuse et courageuse romancière et militante indienne Arundhati Roy à propos de l'opération Justice infinie proclamée par l'administration Bush : « Voilà la justice infinie de ce nouveau siècle. Des civils mourant de faim en attendant qu'on les tue. » (*The Guardian*, 29 septembre.)

Son jugement n'a pas perdu de sa force, même si les spécialistes de la communication du gouvernement américain se sont rendu compte que cette expression, « Justice infinie », par laquelle les États-Unis semblaient s'élever eux-mêmes au rang du divin, était encore une erreur de propagande, comme l'emploi du mot « croisade ». On l'a donc changée pour « Liberté immuable », expression qui, à la lumière des faits historiques, se passe aussi de commentaires.

L'ONU a signalé que la menace de famine en Afghanistan est considérable. Ce point a été dénoncé avec une virulence croissante dans le monde entier, si bien que les États-Unis et la Grande-Bretagne parlent maintenant d'apporter des vivres pour éviter la famine. Sont-ils vraiment en train de céder devant la contestation ou veulent-ils seulement donner le change ? Quelles sont leurs motivations ? Quelle échelle et quel impact auront leurs efforts ?

Les Nations unies estiment que sept à huit millions de personnes risquent bientôt de mourir de faim. Le *New York Times* (du 25 septembre) a relaté dans un petit article qu'environ six millions d'Afghans survivaient grâce à la nourriture distribuée par l'ONU. La situation est la même pour les trois millions et demi d'entre eux qui se sont réfugiés dans des camps à l'étranger, souvent juste avant la fermeture des frontières. D'après cet article, des vivres sont actuellement envoyés vers les camps hors d'Afghanistan. Les technocrates se rendent sans doute compte qu'ils doivent faire quelque chose pour avoir l'air de défenseurs de la cause humanitaire tentant d'enrayer à la fois l'épouvantable tragédie qui a commencé aussitôt après les menaces de frappes militaires et la fermeture des frontières qu'ils avaient réclamée. « Les experts incitent également les États-Unis à améliorer leur image en apportant une aide plus importante aux réfugiés afghans et en collaborant à la reconstruction de leur économie. » (*Christian Science Monitor,* 28 septembre.) Même sans les directives des spécialistes de la communication, les agents du gouvernement doivent comprendre qu'il leur faudrait bien envoyer des vivres aux réfugiés qui ont passé la frontière et faire au moins un geste pour apporter de la nourriture aux populations affamées à l'intérieur du pays : pour « sauver des vies », mais aussi pour « participer à la traque des groupes terroristes en Afghanistan ». (*Boston Globe,* 27 septembre, citation d'un fonctionnaire du Pentagone qui voit là un moyen de « gagner les cœurs et les esprits ».) Les rédacteurs du *New York Times* ont choisi le même thème le lendemain, soit douze jours après avoir annoncé dans leurs colonnes que les opérations meurtrières étaient lancées.

En ce qui concerne l'aide humanitaire, il faut espérer qu'elle sera de grande envergure, sinon, d'ici quelques semaines, cette tragédie humaine atteindra une ampleur monstrueuse. Si le gouvernement est sensé, il fera au moins une démonstration des « largages massifs » dont ses représentants parlent, mais qu'on attend toujours à la date du 30 septembre. Ce n'est pourtant pas faute de moyens.

Les institutions juridiques internationales entérineraient sans doute les actions entreprises pour arrêter et juger Ben Laden et ses associés, y compris le recours à la force, si on pouvait démontrer leur culpabilité. Pourquoi les États-Unis rejettent-ils cette procédure ? Est-ce uniquement parce qu'ils ne souhaitent pas légitimer une approche qui pourrait aussi s'appliquer à leurs propres actes de terrorisme, ou d'autres facteurs entrent-ils en jeu ?

Le monde entier ou presque a réclamé aux États-Unis des preuves de l'implication de Ben Laden dans les attentats, et si de telles preuves étaient réunies, on n'aurait aucune difficulté à trouver le soutien nécessaire pour réaliser une opération d'envergure internationale, sous l'égide des Nations unies, afin de les arrêter et de les juger, lui et ses collaborateurs.

On pourrait éventuellement trouver les moyens diplomatiques pour le faire, ce que les talibans ont indiqué de diverses manières, mais leurs propositions ont été rejetées avec mépris et on a préféré utiliser la force.

Il faut avouer qu'il n'est pas simple de fournir des preuves dignes de foi. Même si Ben Laden et son réseau sont impliqués dans les crimes du 11 septembre, il sera peut-être difficile de le prouver. De plus, d'après ce que nous savons, les coupables semblent s'être presque tous tués en accomplissant leur horrible mission.

La difficulté de produire des preuves recevables a été révélée le 5 octobre par le Premier ministre britannique. Tony Blair a clamé haut et fort qu'il n'y avait maintenant « plus le moindre doute possible » quant à la responsabilité de Ben Laden et des talibans. Sur ce, il a présenté des preuves écrites réunies grâce à ce qui semble être le travail d'investigation le plus intensif de l'histoire, combinant notamment les données de toutes les agences de renseignements occidentales. Malgré l'apparente solidité de l'accusation et les efforts sans précédent pour l'établir, ces documents sont d'une inconsistance étonnante. Seuls quelques-uns d'entre eux se rapportent aux attentats du 11 septembre, mais si peu qu'ils ne seraient certainement pas pris au sérieux s'ils devaient servir de preuve à charge contre des criminels d'État occidentaux ou leurs clients. Le *Wall Street Journal* a clairement dit que ces documents ressemblaient « plus à des accusations qu'à des preuves précises », et a relégué l'article aux dernières pages. Le *Wall Street*

Journal a aussi noté, fort justement, que tout cela n'avait pas d'importance, selon les dires d'un haut fonctionnaire américain déclarant : « Il ne s'agit pas d'une affaire criminelle classique. Le but est d'anéantir M. Ben Laden et son organisation. » Tout l'intérêt de ces documents est de permettre à Blair, au secrétaire général de l'OTAN et à d'autres d'assurer au monde que les preuves sont « claires et convaincantes ».

Il y a peu de chances que ces éléments paraissent crédibles aux populations du Moyen-Orient – comme l'a aussitôt fait remarquer Robert Fisk –, ou à tous ceux qui ne se laissent pas impressionner par les gros titres. En revanche, les gouvernements et leurs organisations ont leurs raisons pour suivre le mouvement. On peut se demander pourquoi les spécialistes de la propagande à Washington ont choisi Blair pour présenter ces éléments : peut-être voulaient-ils faire croire qu'ils gardaient secrètes certaines preuves hautement convaincantes pour « raisons de sécurité », ou alors avaient-ils l'espoir que Blair prendrait les poses « churchilliennes » appropriées.

Il reste encore pour les technocrates quelques champs de mines à traverser avec précaution. Je citerai encore Arundhati Roy. « La réponse des talibans à la demande américaine d'extrader Ben Laden était, contrairement à leur habitude, très rationnelle : si vous nous donnez des preuves, nous vous le livrerons. Or le président Bush a répliqué que sa demande n'était pas négociable. » Arundhati Roy donne de surcroît une des nombreuses raisons pour lesquelles cette proposition est irrecevable pour Washington : « Pendant que l'on discute de l'extradition des chefs, l'Inde pourrait-elle en profiter pour demander qu'on extrade Warren Anderson des États-Unis ? Il était président de Union Carbide, la société responsable de la fuite de gaz qui a tué seize mille personnes à Bhopal en 1984. Nous avons rassemblé les preuves nécessaires. Tout est dans les dossiers. Pouvez-vous nous l'envoyer, s'il vous plaît ? »

Inutile d'inventer des exemples. Le gouvernement haïtien a demandé aux États-Unis d'extrader Emmanuel Constant, un des chefs paramilitaires les plus cruels, sévissant à l'époque où les administrations Bush (le premier) puis Clinton (contrairement à ce qu'on croit souvent) apportaient un soutien tacite à la junte en place et à ses riches partisans. Constant a été jugé en Haïti par contumace et condamné à la prison à perpétuité pour son rôle dans des massacres. A-t-il été extradé ? Ce problème suscite-t-il un quelconque intérêt ? Tout porte à croire que non : une telle extradition pourrait conduire à révéler des liens embarrassants pour Washington. Après tout, il a organisé, avec d'autres, le massacre de cinq mille personnes seulement – proportionnellement à la population des États-Unis, ça ne représenterait que quelques centaines de milliers de gens.

Ce genre d'observations déclenche des accès de fureur dans les franges extrémistes de l'opinion occidentale, appelées dans certains cas « la gauche ». Mais pour les Occidentaux qui ont gardé toute leur tête et leur intégrité morale, et pour bon nombre de victimes habituelles, elles sont pleines de sens et instructives. Je suppose que les chefs de gouvernement le comprennent.

L'exemple mentionné par Roy n'est qu'un des premiers ; c'est aussi un des moindres, non seulement par l'ampleur du carnage mais parce qu'il ne s'agissait pas explicitement d'un crime d'État. Supposons que l'Iran réclame l'extradition des hauts fonctionnaires des gouvernements Carter et Reagan en refusant de présenter les preuves des crimes qu'ils ont accomplis – preuves qui existent sans aucun doute. Ou supposons encore que le Nicaragua demande l'extradition du nouvel ambassadeur américain auprès des Nations unies, un homme qui a notamment rempli les fonctions de « proconsul » (nom qu'on lui donnait souvent) dans l'État autoritaire du Honduras tout en étant probablement conscient des crimes perpétrés par les terroristes d'État qu'il soutenait. En outre, fait encore plus marquant, il a officié en tant qu'observateur régional de la guerre terroriste lancée des bases honduriennes contre le Nicaragua. Les États-Unis accepteraient-ils d'extrader ces hommes ? Cette requête semblerait-elle ridicule ?

Ce n'est que le tout début. On préfère garder les portes closes, tout comme on préfère maintenir le silence impressionnant qui règne depuis qu'un de ceux qui se trouvaient à la tête des opérations condamnées pour terrorisme par les plus hautes institutions internationales a été désigné pour mener une « guerre contre le terrorisme ». Même Jonathan Swift resterait sans voix.

C'est sans doute la raison pour laquelle les experts en communication du gouvernement ont préféré le mot ambigu de « guerre » à celui plus explicite de « crime » – « crime contre l'humanité », selon les termes précis de Robert Fisk et de Mary Robinson.

Si le régime taliban s'effondre, si Ben Laden ou un autre responsable supposé est pris ou tué, que se passera-t-il ? Que deviendra l'Afghanistan ? Et que se passera-t-il plus largement dans les pays voisins ?

Du point de vue du gouvernement [des États-Unis], la démarche sensée serait de poursuivre son programme de génocide muet associé à des gestes humanitaires pour recueillir les éloges du chœur appelé comme d'habitude à la rescousse pour chanter les louanges des nobles chefs qui, pour la première fois dans l'histoire, se consacrent à la défense « des valeurs et des principes fondamentaux » et conduisent le monde vers une « ère nouvelle » d'idéalisme où l'on tentera partout dans le monde de « mettre un terme à la barbarie ». La Turquie est ravie de venir combattre aux côtés des

États-Unis dans sa « guerre contre la terreur », et même d'envoyer des soldats de son armée de terre. Car la Turquie, a déclaré le Premier ministre Bulent Ecevit, a envers les États-Unis une « dette de reconnaissance » particulière. En effet, contrairement aux pays européens, Washington « avait soutenu Ankara dans sa lutte contre le terrorisme ». Ecevit fait ici référence à la guerre, envenimée à la fin des années 1990 avec l'assistance croissante des États-Unis, qui, en quinze ans a laissé des milliers de morts, deux à trois millions de réfugiés et trois mille cinq cents villes et villages détruits (soit sept fois plus qu'au Kosovo sous les bombes de l'OTAN). La Turquie a également reçu des récompenses et des éloges abondants de la part de Washington pour sa participation à l'effort humanitaire au Kosovo à l'aide des avions F-16, fournis par les États-Unis, que le pays avait utilisés avec tant d'efficacité au cours de ses propres opérations de nettoyage ethnique et de terrorisme d'État à grande échelle. Le gouvernement américain pourrait aussi essayer de donner à l'Alliance du Nord les moyens de réussir, puis d'introduire d'autres seigneurs de la guerre hostiles à cette force, comme l'ancien favori de Washington Gulbuddin Hekmatyar, actuellement en Iran. On peut imaginer que des commandos américains et anglais vont entreprendre des missions sur le sol afghan, associées à des frappes aériennes sélectives, missions d'envergure réduite pour ne pas inciter de nouveaux volontaires à rallier la cause des islamistes radicaux.

Il ne faut pas comparer trop vite l'offensive américaine à l'invasion ratée des Russes dans les années 1980. Les Russes se sont retrouvés confrontés à une armée importante, de cent mille hommes ou plus, organisée, entraînée et dotée d'armes puissantes par la CIA et ses associés. Les États-Unis, eux, sont confrontés à une armée de miséreux, dans un pays presque entièrement détruit par vingt années d'horreurs, dont nous sommes largement responsables. Dans leur état, hormis une poignée d'endurcis, les troupes des talibans risquent de s'effondrer très vite.

On peut s'attendre à ce que la population ayant survécu voie d'un bon œil cette force d'invasion si elle n'affiche pas de manière trop flagrante ses liens avec les gangs meurtriers qui avaient mis le pays en pièces avant la prise de pouvoir des talibans. Au point où ils en sont, la plupart des gens seraient capables d'accueillir Gengis Khan à bras ouverts.

Et ensuite ? Les Afghans expatriés et apparemment quelques éléments, à l'intérieur du pays, n'appartenant pas au cercle des talibans, ont demandé aux Nations unies de constituer une sorte de gouvernement de transition. Ce processus pourrait permettre de réédifier quelque chose de viable sur les cendres de l'Afghanistan, à condition qu'une aide importante à la reconstruction lui soit attribuée sous le contrôle d'organismes indépendants comme l'ONU ou d'ONG dignes de confiance. C'est ce type d'effort qui devrait au moins relever de la responsabilité de ceux qui ont fait de ce pays pauvre une terre d'épouvante, de désespoir, jonchée de morts et de corps mutilés. C'est réalisable, mais avec un important soutien de la part de la population des pays riches et puissants. Pour le moment, toute entreprise de ce genre a été rejetée par l'administration Bush. Ses membres ont déclaré que les États-Unis ne s'engageraient pas dans « l'édification d'une nation ». Ni, semble-t-il jusqu'ici (30 septembre), dans une opération qui serait beaucoup plus généreuse et respectable : un soutien financier important, sans ingérence, à cette « édification d'une nation » dont se chargeraient des individus ayant de vraies chances d'y parvenir. Mais ce refus d'étudier un tel mode d'action n'est pas gravé dans la pierre.

Ce qui se passe dans les pays voisins dépend de facteurs nationaux, de la politique adoptée par les acteurs étrangers (surtout les États-Unis, évidemment) et du tour que prennent les choses en Afghanistan. On ne peut rien affirmer, mais on peut assez bien envisager, selon les nombreux cas de figure, ce que serait l'issue probable – mais toutes ces hypothèses seraient trop longues à développer.

Les États-Unis, désireux de former une alliance internationale, ont changé brutalement d'attitude vis-à-vis d'un certain nombre de pays du Moyen-Orient, d'Afrique et d'Asie. Ils leur ont pro-

posé tout un panel de mesures politiques, militaires et monétaires en échange de différentes formes d'appui. Comment ces décisions subites risquent-elles d'affecter la dynamique politique dans ces régions ?

Washington marche sur des œufs. N'oublions pas ce qui est en jeu : les principales réserves d'énergie du monde, situées surtout en Arabie Saoudite mais aussi dans toute la région du Golfe, et aussi en quantité non négligeable en Asie centrale. L'Afghanistan reste un pion mineur sur cet échiquier. Mais il est question depuis des années d'y installer des pipelines qui aideraient les États-Unis dans leurs manœuvres complexes pour contrôler les ressources d'Asie centrale. Au nord de l'Afghanistan se trouvent des États instables et violents, dont le plus important est l'Ouzbékistan. Ce pays a été condamné par Human Rights Watch pour ses crimes graves et combat actuellement sa propre rébellion islamique. Le Tadjikistan, qui vit la même situation, est aussi une grande plaque tournante de la drogue en direction de l'Europe, exploitée surtout par l'Alliance du Nord, qui contrôle par ailleurs la presque totalité de la frontière avec l'Afghanistan. Le Tadjikistan est apparemment devenu le principal producteur de drogue depuis la suppression par les talibans de la culture du pavot. La fuite des Afghans vers le nord pourrait entraîner toutes sortes de problèmes internes. Le Pakistan, premier soutien des talibans, abrite un mouvement islamiste fort. On ne peut pas prévoir sa réaction – mais elle risque d'être violente – s'il sert ouvertement de base aux opérations américaines en Afghanistan. Et il y a tout lieu de s'inquiéter puisque le Pakistan dispose d'armes nucléaires. L'armée pakistanaise, bien qu'impatiente d'obtenir l'aide militaire déjà promise par les États-Unis, reste sur ses gardes du fait de leurs relations passées plutôt houleuses et elle ne voudrait pas voir un Afghanistan potentiellement hostile s'allier avec un ennemi de l'est, l'Inde. Les militaires sont gênés que l'Alliance du Nord soit conduite par des Tadjiks, des Ouzbeks et d'autres minorités afghanes hostiles au Pakistan et soutenues par l'Inde, l'Iran, la Russie et maintenant les États-Unis.

Dans la région du Golfe, la population riche et laïque critique elle aussi la politique américaine et exprime souvent à mots couverts son soutien à Ben Laden – même si elle le déteste –, parce qu'il est « la conscience de l'Islam » (citation d'un avocat d'affaires international formé aux États-Unis, *New York Times*, 5 octobre). À mots couverts, car ces États exercent une répression sévère ; c'est d'ailleurs en partie parce qu'ils soutiennent ces régimes que les États-Unis font l'objet de critiques acerbes. Les conflits internes pourraient se répandre facilement et avoir des conséquences désastreuses, en particulier si le contrôle américain sur les ressources énormes de la région était menacé. On rencontre des problèmes similaires jusqu'en Afrique du Nord et en Asie du Sud-Est, surtout en Indonésie. Même sans parler des conflits internes, le flot accru de pièces d'artillerie envoyées vers cette région augmente le risque de conflit armé et fournit l'armement nécessaire aux organisations terroristes et aux narcotrafiquants. Les gouvernements s'empressent de rejoindre la « guerre contre le terrorisme » déclarée par les États-Unis, dans le but de recevoir en contrepartie un soutien pour combattre le terrorisme sur leur propre territoire, ceci dans des proportions souvent choquantes (je pense à la Russie et à la Turquie, pour ne citer que les exemples les plus évidents, bien que la Turquie ait de toute façon toujours reçu une aide capitale des États-Unis).

Le Pakistan et l'Inde, pays frontaliers tous deux dotés de l'arme nucléaire, s'affrontent sans pitié depuis des années. Comment la pression soudaine et intense imposée par les États-Unis sur la région risque-t-elle d'affecter leurs relations, déjà très tendues ?

La source principale de conflit est le Cachemire. L'Inde prétend y combattre le terrorisme islamiste. Le Pakistan affirme que l'Inde y refuse l'autodétermination, mais y a perpétré lui-même des actes de terrorisme à grande échelle. Malheureusement, tout cela est vrai. Le Cachemire a fait l'objet de plusieurs guerres. On sait qu'au cours de la dernière, en 1999, les deux États disposaient d'armes nucléaires. Par bonheur, elles ont été gardées sous contrôle, mais on ne peut pas garantir l'avenir. La menace de guerre nucléaire risque de se préciser si les États-Unis poursuivent leurs programmes de militarisation de l'espace (appelée par euphémisme « défense antimissile »). Or la Chine a déjà reçu des fonds pour développer ses armes nucléaires, fonds qui lui ont été accordés pour obtenir son assentiment sur les programmes en question. L'Inde va sans doute essayer de suivre le développement de la Chine en ce domaine, puis le Pakistan, et ainsi de suite, y compris Israël. Selon l'ancien chef de l'aviation militaire stratégique américaine, la puissance nucléaire de l'Inde est « dangereuse au plus haut point » et constitue une des principales menaces dans la région.

Des relations « tendues », c'est le moins qu'on puisse dire.

Avant le 11 septembre, l'administration Bush était assaillie de critiques, y compris par ses pays alliés, pour son « unilatéralisme » politique – refus de signer le protocole de Kyoto pour la limitation des gaz à effet de serre, intention de violer l'accord de limitation des armes antibalistiques et de militariser l'espace sous couvert d'un programme de « défense antimissile », départ de la conférence de Durban contre le racisme, pour ne citer que quelques exemples récents. Pensez-vous que les efforts soudains des États-Unis pour mettre en place des alliances pourraient faire naître un « multilatéralisme » nouveau offrant des débouchés positifs inattendus, comme une avancée dans la situation palestinienne ?

Il convient de rappeler que l'« unilatéralisme » de Bush n'est qu'un prolongement des pratiques habituelles. En 1993, Clinton a informé l'ONU que les États-Unis entendaient agir – comme auparavant – de manière « multilatérale si possible, mais unilatérale si nécessaire », ce qu'ils ont fait. Cette position a été réitérée par l'ambassadrice américaine auprès de l'ONU, Madeleine Albright, et en 1999 par le secrétaire à la défense William Cohen, qui a déclaré que les États-Unis s'en remettaient à « l'usage unilatéral du pouvoir militaire » pour défendre leurs intérêts vitaux. Ils entendent donc notamment « s'assurer un accès non limité aux marchés essentiels, aux sources d'énergie et aux ressources stratégiques », mais leur marge de manœuvre s'étend à tout ce que Washington fera relever de sa compétence. Cependant, c'est vrai, Bush est allé encore plus loin, ce qui a provoqué une vive inquiétude chez les alliés. Le besoin actuel de former une coalition va peut-être atténuer la rhétorique, mais il risque peu de faire changer la politique. On attend des membres de la coalition qu'ils apportent leur soutien en restant muets et dociles, pas qu'ils participent. Les États-Unis se réservent sans ambiguïté le droit d'agir à leur guise et évitent avec précaution de parler d'un recours aux institutions internationales, comme l'exigerait la loi. Certains de leurs actes cherchent à démontrer le contraire, mais ils sonnent faux, même si des gouvernements sont sans doute prêts à croire que cela les arrange et qu'ils ont l'habitude de se plier au pouvoir. Les Palestiniens ont peu de chances de gagner quoi que ce soit. Au contraire, l'attaque terroriste du 11 septembre leur a porté un coup terrible. Ils l'ont reconnu tout de suite, et Israël aussi.

Depuis le 11 septembre, le secrétaire d'État Colin Powell a indiqué que les États-Unis pourraient adopter une nouvelle attitude vis-à-vis de la crise palestinienne. Quelle est votre analyse ?

Mon analyse est exactement la même que celle des représentants officiels et autres, cités vers la fin de l'article de une du *New York Times*. Ils disent bien que Bush et Powell ne vont même pas aussi loin que les propositions de Camp David faites par Clinton, qui ont été applaudies par la presse dominante ici, alors qu'elles étaient tout à fait inacceptables pour des raisons débattues en détail en Israël et ailleurs. Il suffisait de regarder une carte – c'est pourquoi, j'imagine, on avait tant de mal à en trouver ici, alors qu'on en trouvait partout ailleurs, et en Israël aussi. On peut trouver des informations plus précises sur ce sujet dans les articles parus au moment de Camp David, j'en ai écrit certains, et dans les essais de l'ouvrage publié par Roane Carey, *The New Intifada*.

La liberté de circulation de l'information est généralement la première victime d'une guerre. La situation actuelle fait-elle exception à la règle ? Avez-vous des exemples ?

Dans un pays comme les États-Unis, les obstacles à la libre circulation de l'information sont rarement imputables au gouvernement. Il s'agit plutôt d'une autocensure classique. La situation actuelle n'a rien de spécial – elle est même bien meilleure que la normale, à mon avis.

Cependant, le gouvernement nous a donné quelques exemples frappants de ses tentatives pour restreindre la libre circulation de l'information à l'étranger. Le monde arabe dispose d'une source d'information libre et ouverte : la chaîne de télévision par satellite du Qatar Al-Jazira qui ressemble à la BBC et recueille une audience énorme dans tout le monde arabophone. C'est la seule source non censurée. Elle est surtout dédiée à l'information, mais présente aussi des débats en direct et un large éventail d'opinions – assez large pour inclure Colin Powell quelques jours avant le 11 septembre, ou l'ex-Premier ministre israélien Ehoud Barak (et moi-même, juste pour exprimer mon intérêt). Al-Jazira est aussi « le seul organe d'information internationale à conserver des reporters dans la partie d'Afghanistan sous le contrôle des talibans. » *(Wall Street Journal.)* La chaîne a notamment réalisé les seules images de la destruction des statues bouddhistes qui a révolté le monde à juste titre. Elle a aussi diffusé de longues interviews avec Ben Laden, qui sont épluchées, j'en suis sûr, par les agences de renseignements occidentales et sont très précieuses à ceux qui veulent comprendre son raisonnement.

Ces interviews ont été traduites et rediffusées par la BBC avant et après le 11 septembre.

Naturellement, les dictatures moyen-orientales éprouvent de la méfiance et de la crainte à l'égard d'Al-Jazira, surtout parce qu'elle rend compte sans détours de leurs atteintes aux droits de l'homme. Les États-Unis partagent leur impression. La BBC relate que « les États-Unis ne sont pas les premiers à être dérangés par Al-Jazira. La chaîne a déjà provoqué la colère de l'Algérie, du Maroc, de l'Arabie Saoudite, du Koweït et de l'Égypte en donnant la parole à des dissidents politiques ».

Selon la BBC, l'émir du Qatar confirme que « Washington a bien réclamé au Qatar de freiner la chaîne de télévision arabe Al-Jazira, influente et dotée d'une grande liberté d'opinion ». L'émir, qui préside aussi l'Organisation de la conférence islamique réunissant cinquante-six pays, a fait savoir à la presse de Washington que le secrétaire d'État Powell avait fait pression sur lui pour qu'il modère la chaîne, qu'il « persuade Al-Jazira d'édulcorer ses reportages ». Cette information provient d'Al-Jazira elle-même. Interrogé sur ces rumeurs de censure, l'émir a déclaré : « C'est vrai. Nous avons été sollicités par l'actuel gouvernement américain, comme par le précédent. » (BBC, 4 octobre, citant l'agence Reuters.)

Le seul article sérieux que j'aie remarqué sur ce sujet très grave est paru dans le *Wall Street Journal* (5 octobre), où l'on décrit en outre les réactions des intellectuels et des universitaires dans l'ensemble du monde arabe (« vraiment révoltant », etc.). L'article ajoute : « De nombreux analystes arabes ont expliqué que c'est le fait de voir Washington mépriser les droits de l'homme dans les pays officiellement proaméricains comme l'Arabie Saoudite qui alimente les flambées d'antiaméricanisme. » On s'est aussi remarquablement peu servi des interviews de Ben Laden et des informations en provenance d'Afghanistan disponibles sur Al-Jazira.

Après la diffusion par Al-Jazira d'une vidéo de Ben Laden très utile à la propagande occidentale, et aussitôt commentée à la une des journaux, la chaîne est vite devenue célèbre. Le *New York Times* a titré : « Une chaîne arabe renouvelle l'information télévisée. » (Elaine Sciolino, 9 octobre.) L'article saluait la chaîne, qualifiée de « CNN du monde arabe qui diffuse vingt-quatre heures sur vingt-quatre des nouvelles et des magazines d'information à destination de millions de spectateurs ». « La chaîne s'est bâti une réputation de pionnière pour sa liberté de ton totalement originale par rapport aux autres chaînes de la télévision arabophone », et « se concentre sur des sujets considérés comme subversifs dans une grande partie du monde arabe : l'absence d'institutions démocratiques, la persécution des dissidents politiques et l'inégalité des femmes. » L'article note encore que les politiciens américains ont été dérangés par la diffusion des interviews de Ben

Laden par Al-Jazira et par le discours antiaméricain des analystes, des invités et des « spectateurs qui prennent la parole librement par téléphone au cours d'émissions spéciales ». L'article n'en dit pas plus, pourtant il y a eu un léger rappel à l'ordre éditorial le lendemain.

Oui, en effet, il y a des obstacles à la libre circulation de l'information, mais on ne peut pas les attribuer à une censure ou à une pression gouvernementale, qui restent un facteur très marginal aux États-Unis.

D'après vous, quels devraient être en cette période le rôle et la priorité des militants soucieux de justice ? Faut-il modérer nos critiques, comme certains l'ont demandé, ou n'est-ce pas plutôt le moment de renouveler et de renforcer nos efforts, non seulement parce que nous sommes au cœur d'une crise sur laquelle nous pouvons essayer d'avoir un impact très positif, mais aussi parce que certaines franges de la population sont nettement plus réceptives qu'avant à la discussion et à la découverte, même si d'autres gardent leur intransigeance hostile ?

Tout dépend du but visé par ces militants. S'ils veulent faire monter la violence et augmenter le risque de voir se reproduire des atrocités comme celles du 11 septembre – ou même pires que celles trop bien connues par une grande partie du monde, hélas –, alors oui, ils devraient modérer leurs analyses et leurs critiques, refuser de penser et se désengager de tous les problèmes graves dont ils se préoccupaient. Le même conseil vaut s'ils veulent aider les éléments les plus réactionnaires, les plus rétrogrades du système de pouvoir politico-économique à mettre en œuvre des projets qui nuiront terriblement à l'ensemble de la population ici et presque partout ailleurs, et risquent même de mettre en péril la survie de l'homme. Si, en revanche, ces militants veulent réduire le risque de voir se reproduire ces atrocités et faire grandir les espoirs de liberté, de respect des droits de l'homme et de démocratie, alors ils devraient prendre la direction inverse. Il faudrait qu'ils poussent plus loin l'étude des facteurs historiques cachés derrière ce genre de crimes et qu'ils se consacrent avec encore plus d'énergie aux causes justes qu'ils défendent déjà. Ils devraient écouter l'évêque de San Cristobal de las Casas, dans le sud du Mexique, qui a eu sa part de malheurs et d'oppression, et qui recommande aux Nord-Américains de « méditer sur les causes de la haine qu'on leur voue » maintenant que les États-Unis ont « engendré tant de violence pour protéger leurs intérêts économiques ». (Marion Lloyd, Mexico, *Boston Globe,* 30 septembre.)

Il est sans aucun doute plus réconfortant d'écouter les commentateurs libéraux nous assurer qu'« on nous déteste parce que nous défendons un "nouvel ordre mondial" capitaliste, individualiste, laïc et démocratique qui devrait régner partout ». (Ronald Steel, *New York Times*, 14 septembre.) Ou Anthony Lewis nous assurer que le seul effet de notre politique passée est d'avoir « détérioré l'opinion de la population du monde arabe à l'égard de la lutte antiterroriste menée par la coalition ». (*New York Times*, 6 octobre.) Ce que nous avons fait, affirme-t-il sans hésiter, ne peut pas avoir eu la moindre incidence sur les objectifs des terroristes. Tous leurs discours sont d'une telle ineptie qu'il suffit de les ignorer, peu importe si ce qu'ils disent correspond à ce qu'ils font depuis ces vingt années de terreur – il n'y a pas de secret, tout a été dit par des journalistes et des universitaires sérieux. Il faut dire, sans avoir besoin de le prouver ou d'en discuter, que les terroristes cherchent « la transformation violente d'un monde irrémédiablement corrompu et injuste » et qu'ils représentent un « nihilisme apocalyptique » (je cite Michael Igna tieff, avec son accord). Qu'ils déclarent leurs buts et leurs actes ou que la population de cette région du monde énonce clairement ses opinions – même les Koweïtiens, qui sont des proaméricains acharnés – cela ne fait pas la moindre différence. Peu importe ce que nous avons fait pour provoquer de telles réponses..

C'est plus rassurant, sans aucun doute, mais pas vraiment plus sage, si l'avenir nous intéresse.

Les solutions sont peut-être là, devant nous. Le choc provoqué par ces crimes épouvantables a déjà ouvert, parmi les élites, la voie à une réflexion d'un genre qui aurait été inimaginable il y a peu de temps, et c'est encore plus vrai dans la population ordinaire. Pour citer mon expérience personnellé en dehors de mes interventions quasi perpétuelles dans les médias nationaux d'Europe et d'ailleurs, j'ai eu un recours intensif aux médias, même aux grands médias nationaux américains, et je ne suis pas le seul.

Bien sûr, il restera toujours ceux qui demandent à ce qu'on leur obéisse en silence. Nous pouvons attendre une telle attitude de la part de l'extrême droite, et en ayant quelques connaissances historiques, nous pouvons aussi l'attendre de certains intellectuels de gauche, peut-être sous une forme encore plus virulente. Mais il est capital de ne pas se laisser intimider par les discours hystériques et les mensonges, et de toujours chercher à se rapprocher au plus près de la vérité et de l'honnêteté, de s'inquiéter des conséquences de nos actes ou de nos échecs. Je ne dis là que des évidences, mais il est bon de les garder à l'esprit.

Après les évidences, on passe aux questions précises, pour les approfondir et pour agir.

Annexe A

Département d'État.
Rapport sur les organisations terroristes étrangères.
Réalisé par le Bureau de coordination
de la lutte contre le terrorisme.
5 octobre 2001.

Historique

Le secrétaire d'État établit une liste officielle des organisations terroristes étrangères (OTE), conjointement avec le ministre de la Justice et le ministre des Finances. Ces organisations sont désignées comme terroristes conformément aux lois sur l'immigration et de la nationalité, amendées par la loi sur la lutte contre le terrorisme et sur l'application de la peine de mort de 1996. La désignation d'une OTE reste valable pendant deux ans, à l'issue desquels cette désignation sera prolongée de manière explicite ou prendra fin automatiquement. Le renouvellement de cette désignation au bout de deux ans doit être un acte volontaire, le secrétaire d'État devant démontrer que l'organisation a poursuivi ses activités terroristes et qu'elle répond toujours aux critères spécifiés par la loi.

En octobre 1997, l'ancienne secrétaire d'État Madeleine K. Albright a approuvé la première liste de trente groupes désignés comme organisations terroristes étrangères.

En octobre 1999, la Secrétaire Albright a renouvelé la désignation de vingt-sept de ces groupes, mais a autorisé le retrait de trois organisations car elles avaient cessé leurs activités terroristes et ne répondaient donc plus aux critères énoncés.

La Secrétaire Albright a désigné une nouvelle OTE en 1999 (Al-Qaida) et une autre en 2000 (Mouvement islamique d'Ouzbékistan).

En octobre 2001, le Secrétaire Powell a renouvelé la désignation de vingt-six des vingt-huit OTE et a rassemblé deux groupes précédemment désignés sous deux noms distincts (Kahane Chai et Kach).

Liste des organisations terroristes étrangères
(établie le 5 octobre 2001)

1. Organisation Abu Nidal (ANO)
2. Groupe Abu Sayyaf
3. Groupes islamiques armés (GIA)
4. Secte Aum
5. Organisation séparatiste basque (ETA)
6. Gama at Al-Islamiyya (rassemblement islamique)
7. Hamas
   (Mouvement de résistance islamique)
8. Harakat ul-Mujahidin (HUM)

9. Hezbollah (parti de Dieu)
10. Mouvement islamique d'Ouzbekistan (IMU)
11. Al-Djihad, le Djihad islamique, le Nouveau Djihad islamique (Égypte)
12. Le Kach (Israël)
13. Parti des travailleurs du Kurdistan (PKK)
14. Tigres tamouls de libération d'Eelam (LTTE) (Sri-Lanka)
15. Mujahedin-e Khalq (MEK)
16. Armée de libération nationale (Colombie)
17. Le Djihad islamique palestinien (JIP)
18. Front de libération de la Palestine (PLF)
19. Front populaire de libération de la Palestine (FPLP)
20. Front populaire de la Palestine/ Commandement général (FPLP-GC)
21. Al-Qaida (réseau de Ben Laden)
22. L'IRA véritable
23. Forces armées révolutionnaires de Colombie (FARC)
24. Noyaux révolutionnaires (autrefois ELA) (Grèce)
25. Organisation révolutionnaire du 17 novembre (Grèce)
26. Parti révolutionnaire de libération du peuple (DHKP/C) (Turquie)
27. Sentier lumineux (SL)
28. Autodéfenses unies de Colombie (AUC)

Critères juridiques désignant une organisation comme terroriste

1. L'organisation doit être étrangère.
2. L'organisation doit se livrer à des activités terroristes telles que définies dans l'article 212 (a)(3)(B) de la loi sur l'immigration et la nationalité* (voir renvoi p. 152)
3. Les activités de l'organisation doivent constituer une menace pour la sécurité des ressortissants américains ou pour la sécurité nationale (défense nationale, affaires étrangères, ou intérêts économiques) des États-Unis.

Effets de la désignation

Sur le plan juridique :
1. Un individu, qu'il soit sur le territoire des États-Unis ou soumis à la juridiction des États-Unis n'a pas le droit d'apporter un soutien financier ou matériel quelconque à une organisation terroriste étrangère (OTE) désignée ;
2. S'ils sont de nationalité étrangère, les représentants et certains membres d'une OTE désignée peuvent se voir refuser un visa ou être expulsés des États-Unis ;
3. Les institutions financières américaines doivent bloquer les fonds des OTE désignées et de leurs agents, et en informer le Service de contrôle des capitaux étrangers du ministère des Finances américain.

Autres effets.

1. Dissuader les dons ou les contributions aux organisations mentionnées ;

2. Accroître la vigilance de la population et sa connaissance des organisations terroristes ;

3. Faire connaître aux autres gouvernements nos inquiétudes concernant les organisations mentionnées ;

4. Stigmatiser et isoler lesdites organisations sur le plan international.

La procédure

Le secrétaire d'État décide de la désignation ou du renouvellement de la désignation des OTE après examen attentif d'un rapport complet réalisé par diverses agences de renseignements et dans lequel sont consignées toutes les preuves de l'activité du groupe, émanant de sources confidentielles et publiques. Le département d'État, en étroite collaboration avec le ministère de la Justice, le ministère des Finances et les services de renseignements, élabore un « rapport administratif » détaillé dans lequel sont recensées les activités terroristes de l'OTE désignée. Sept jours avant l'inscription officielle d'une OTE au registre fédéral, le département d'État en notifie le Congrès par voie confidentielle.

Selon la loi, les désignations sont soumises à un contrôle judiciaire. Dans l'éventualité où la désignation d'une OTE serait contestée et portée devant le tribunal fédéral, le gouvernement américain s'appuie sur le rapport administratif pour défendre la décision du secrétaire d'État. Les rapports administratifs contiennent des informations provenant des services de renseignements et sont donc confidentielles.

La désignation d'une OTE devient caduque au bout de deux ans, sauf mention contraire. La loi permet l'adjonction de nouveaux groupes à n'importe quel moment à la suite d'une décision du secrétaire d'État, après consultation du ministre de la Justice et du ministre des Finances. Le secrétaire d'État peut aussi annuler une désignation, s'il juge qu'une telle décision est fondée, après en avoir averti le Congrès.

* La loi sur l'immigration et la nationalité définit l'activité terroriste comme suit : toute activité illégale, aux termes de la loi en vigueur à l'endroit où cette activité est exercée (ou qui serait illégale, si elle etait exercée sur le territoire américain, aux termes de la loi de l'État fédéral ou de n'importe quel État) et qui peut être :

I Le détournement ou le sabotage de tout moyen de transport (y compris d'avions, de navires ou de véhicules).

II. L'enlèvement ou la détention d'un individu, avec menace de le tuer, le blesser ou de continuer à le séquestrer, afin de contraindre une tierce personne (ou une organisation gouvernementale) à faire, ou ne pas faire quelque chose, ceci étant la condition explicite ou implicite à la remise en liberté de l'individu enlevé ou détenu.

III. Une agression violente sur une personne bénéficiant d'une protection internationale (telle que définie dans l'article 1116 (b)(4) du titre 18 du Code des États-Unis) ou une atteinte à la liberté de cette personne.

IV. Un assassinat.

V. L'usage :

(a) d'un agent biologique ou chimique, d'une arme nucléaire ou d'un dispositif nucléaire ;

(b) d'explosifs ou d'armes à feu (à d'autres fins que celle de s'approprier de l'argent dans un but personnel) avec l'intention de mettre en danger, directement ou indirectement, la sécurité d'une ou de plusieurs personnes, ou encore de causer des dommages matériels importants.

VI. Toute menace, tentative ou conspiration visant à perpétrer les actions décrites ci-dessus.

VII. L'expression « se livrer à une activité terroriste » signifie commettre, en tant qu'individu isolé ou en tant que membre d'une organisation, un acte de terrorisme ou un acte dont on sait, ou dont on devrait normalement savoir, qu'il aide un individu, une organisation ou un gouvernement à conduire une activité terroriste en lui apportant un soutien matériel. Cette acte peut être :

1. La préparation ou la planification d'une action terroriste ;

2. La collecte d'informations sur les cibles potentielles d'une action terroriste ;

3. Le fait d'apporter une aide matérielle quelconque, cachette, moyen de transport, de communication, argent, faux documents ou faux papiers, armes, explosifs ou entraînement, à un individu dont on sait, ou dont on a toutes raisons de croire, qu'il a commis ou projette de commettre un acte terroriste ;

4. La collecte de fonds ou de tout autre objet de valeur pour financer une action terroriste ou toute organisation terroriste ;

5. L'incitation de tout individu à entrer dans une organisation terroriste ou dans un gouvernement terroriste, ou à s'engager dans une activité terroriste.

Annexe B
Livres recommandés

Noam Chomsky, *Culture of Terrorism*
  (South End Press, 1988)
Noam Chomsky, *Necessary Illusions*
  (South End Press, 1989)
Noam Chomsky, *Pirates and Emperors*
  (Black Rose Books)
Chomsky and E. S. Herman, *Political Economy of Human Rights* (South End Press, 1979)
John Cooley, *Unholy Wars : Afghanistan, America and International Terrorism* (Pluto, 1999, 2001)
Alex George, ed., *Western State Terrorism*
  (Polity-Blackwell, 1991)
Herman, *Real Terror Network*
  (South End Press, 1982)
Herman and Chomsky, *Manufacturing Consent*
  (Pantheon, 1998, 2001)
Herman and Gerry O'Sullivan,
  The « Terrorism » Industry (Pantheon, 1990)
Walter Laqueur, *Age of Terrorism*
  (Little, Brown and Co., 1987)
Michael McClintock, *Instruments of Statecraft*
  (Pantheon, 1992)
Paul Wilkinson, *Terrorism and the Liberal State*
  (NYU Press, 1986)

À propos de l'auteur

Noam Chomsky s'est acquis une renommée mondiale à la fois pour son engagement politique et pour ses activités d'écrivain et de professeur de linguistique au Massachusetts Institute of Technology, où il enseigne depuis 1955. Ses nombreux écrits et conférences traitent de linguistique, de philosophie et de politique. Ses efforts pour faire avancer la démocratie sont reconnus et appréciés dans le monde entier par des mouvements défendant la justice sociale et la paix.

Table

Note de l'éditeur.. 9

I. Les fusils sont braqués
dans l'autre sens.. 11
II. Peut-on gagner la guerre
contre le terrorisme ?................................. 27
III. La campagne idéologique.................. 33
IV. Crimes d'État.. 45
V. Le choix des armes............................... 71
VI. Les civilisations en question,
à l'Est et à l'Ouest 85
VII. Après les bombes............................ 115

Annexe A.. 147
Annexe B. 155
À propos de l'auteur 156

Impression réalisée sur CAMERON par

BUSSIÈRE CAMEDAN IMPRIMERIES

GROUPE CPI

à Saint-Amand-Montrond (Cher)
en août 2002

Dépôt légal : août 2002.
Numéro d'impression : 023498/1.

Imprimé en France